AF474209

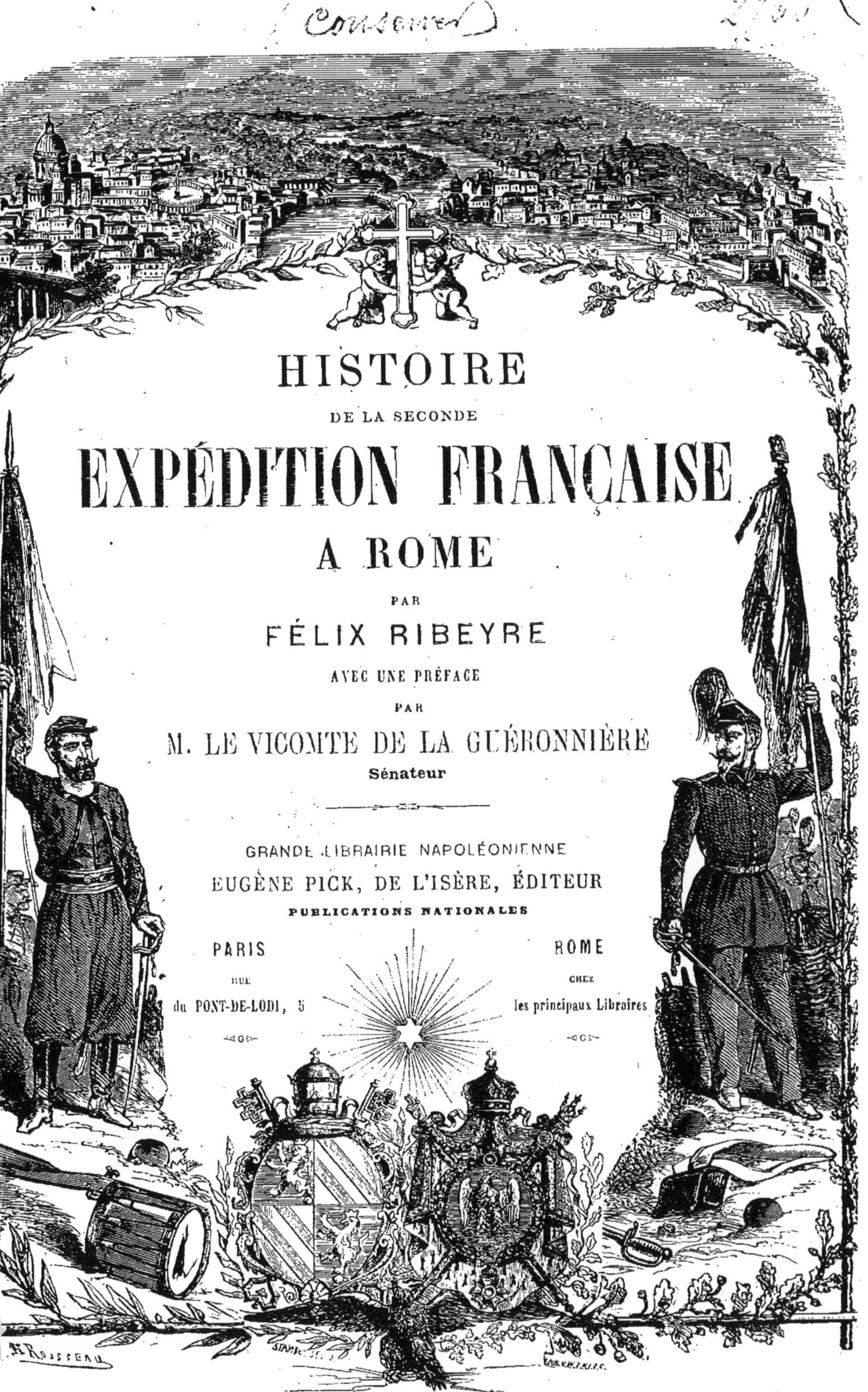

HISTOIRE
DE LA SECONDE
EXPÉDITION FRANÇAISE
A ROME

PAR
FÉLIX RIBEYRE

AVEC UNE PRÉFACE
PAR
M. LE VICOMTE DE LA GUÉRONNIÈRE
Sénateur

GRANDE LIBRAIRIE NAPOLÉONIENNE
EUGÈNE PICK, DE L'ISÈRE, ÉDITEUR
PUBLICATIONS NATIONALES

PARIS
RUE
du PONT-DE-LODI, 5

ROME
CHEZ
les principaux Libraires

HISTOIRE

DE LA SECONDE

EXPÉDITION FRANÇAISE

A ROME

Paris. — Imprimerie du CORPS LÉGISLATIF
L. Poupart-Davyl, rue du Bac, 30

H. Rousseau
E. Thomas sc.
Pius PP IX.

HISTOIRE
DE LA SECONDE
EXPÉDITION FRANÇAISE
A ROME

Par FÉLIX RIBEYRE

AVEC UNE PRÉFACE

PAR M. LE VICOMTE DE LA GUÉRONNIÈRE

Sénateur

PARIS
GRANDE LIBRAIRIE NAPOLÉONIENNE
EUG. PICK, DE L'ISÈRE, ÉDITEUR
5, RUE DU PONT-DE-LODI

1868

PRÉFACE

—

A MONSIEUR FÉLIX RIBEYRE

Monsieur,

Je vous remercie d'avoir bien voulu me communiquer quelques pages de votre livre. Vous défendez avec une éloquence convaincue et persuasive une cause que j'ai toujours soutenue avec un sincère dévouement.

Je suis heureux de rencontrer l'appui de votre talent dans cette lutte si grave pour la France, pour le monde, pour la liberté et pour la dignité des âmes.

J'ai toujours pensé que le Pape et l'Italie doivent coexister ensemble dans leur indépendance et dans leur souveraineté.

La politique extrême qui, d'un côté ou de l'autre,

tendait à les désunir était funeste pour l'Italie qu'elle séparait de l'Eglise, pour Rome qu'elle isolait du sentiment national et libéral, pour l'Europe qu'elle plaçait sous la menace incessante d'une crise religieuse. Cette politique, je l'ai combattue dans tous ses excès. J'ai dit bien haut, à la tribune du Sénat et dans des écrits qui ont été très-controversés, que la France, qui a affranchi l'Italie et protégé Rome, devait rester fidèle à sa double mission jusqu'au jour où le but qu'elle poursuit sera atteint.

C'est cette politique qui a prévalu au mois d'octobre dernier, lorsque l'Empereur a envoyé une armée pour faire respecter la parole de la France et l'inviolabilité du chef de l'Eglise.

C'est cette politique qui a été affirmée avec tant d'éclat par M. Rouher, à la tribune du Corps Législatif, et par le vote vraiment national de cette assemblée.

Aujourd'hui nous pouvons déjà en apprécier les effets. L'Italie n'a pas été vaincue à Mentana, elle a été dégagée; la défaite du parti d'action lui a rendu une sécurité qu'elle ne connaissait plus. Dès que l'on n'a plus parlé de Rome à Florence, la confiance est rentrée dans les esprits, et le parti conservateur et libéral a repris une autorité qu'il avait perdue.

Ce n'est pas encore la conciliation, mais c'est déjà l'apaisement; l'Italie est affranchie du joug odieux de Garibaldi, et elle tend visiblement à reprendre le niveau qui lui appartient dans l'équilibre moral de l'Europe. Le jour où elle aura le courage de reconnaître hautement que Rome est au Pape, comme le Pape est au monde entier et à Dieu seul, ce jour-là l'œuvre française sera accomplie, et nous verrons alors une des plus grandes choses de l'histoire, nous verrons l'Italie, libre et régénérée, marchant dans la voie de la civilisation, d'accord avec la papauté inviolable dans sa grandeur morale et dans son unité.

Agréez, Monsieur, l'expression de mes sentiments très-distingués,

Vicomte de LA GUÉRONNIÈRE.

INTRODUCTION

LA PREMIÈRE EXPÉDITION FRANÇAISE A ROME

La politique traditionnelle de la France, fille aînée de l'Église. — Le pontificat de Pie IX. — Biographie du pape. — Les premiers actes du nouveau pontife. — La révolution à Rome. — Le meurtre du ministre Rossi. — Proclamation de la république à Rome. — Le pape se retire à Gaëte et réclame l'appui des puissances catholiques. — L'Assemblée nationale française décide l'expédition de Rome. — Arrivée du corps expéditionnaire à Civita-Vecchia. — L'armée démagogique accueille le drapeau français à coups de fusils. — La première tentative du général Oudinot est repoussée. — Mazzini et Garibaldi. — Leurs biographies. — Le siége de Rome. — La mission extraordinaire de M. Ferd. de Lesseps. — Entrée des Français à Rome. — Proclamation du général Oudinot de Reggio. — Fuite de Garibaldi. — Rentrée de Pie IX dans la Ville éternelle. — Réformes et amnistie.

Comme grande puissance et comme puissance catholique, la France a une double mission à remplir au delà des Alpes. Elle ne peut permettre qu'une nation de premier ordre, absorbant la Péninsule, menace notre frontière du Sud. Elle ne peut non plus permettre que les intérêts du catholicisme soient foulés aux pieds dans la Ville éternelle.

C'est pour obéir au premier de ces devoirs que l'armée française a arrêté à Magenta l'Autriche envahissante; c'est pour accomplir le second mandat qui s'impose à la fille aînée de l'Église que nos troupes ont anéanti, à Mentana, les bandes garibaldiennes.

Avant d'aborder le récit de cette rapide et glorieuse expédition, jetons un coup d'œil sur les débuts du pontificat de Pie IX et sur les événements qui amenèrent, en 1848, l'intervention de nos armes dans les Etats pontificaux.

Personne n'a oublié les transports d'allégresse qui saluèrent l'avénement du successeur de Grégoire XVI et les espérances de paix et de bonheur que promettait le pontificat de Pie IX, dont le savoir et les hautes capacités égalaient la douceur et le dévouement aux intérêts de l'Eglise.

Qui aurait présagé alors au successeur de Grégoire XVI les douloureuses épreuves, les actes d'agression, les luttes persistantes qui ont marqué son pontificat et qui ne cessent de déchirer son cœur, sans ébranler son courage, depuis vingt et un ans?

On sait que Pie IX appartient à la noble famille des comtes de Mastaï-Ferretti et qu'il est né, le 13 mai 1792, à Sinigaglia, petite ville des Marches, située sur les bords de la mer. Ce petit port, fondé par les Gaulois senonais, se livre à un commerce actif de grains, de chanvre et de soie. C'est aujourd'hui une station de chemin de fer de Bologne à Ancône.

Le futur pontife était destiné à la carrière militaire; mais la Providence en décida autrement, et il choisit la carrière ecclésiastique. Une grande intelligence, un esprit naturel et de fortes études au collége de Volterra, où il fut ordonné prêtre, le préparèrent à la glorieuse mission qui lui était réservée.

Pour commencer sa vie d'abnégation, il sollicita la faveur d'être envoyé en mission et partit pour le

Chili en 1823. Il y resta deux ans, n'épargnant ni son zèle, ni son dévouement, et à son retour il fut nommé chanoine et chargé de la direction de l'hospice apostolique de Saint-Michel.

Son mérite et son ardeur pieuse ne tardèrent pas à appeler sur le jeune prêtre l'attention du pape Léon XII, qui, en 1827, le nomma à l'évêché de Spolète. Quelques années après, il était appelé par Grégoire XVI à l'archevêché d'Imola, et, à l'âge de 48 ans, était élevé à la dignité de cardinal.

A la mort de Grégoire XVI, le sacré collége plaça la tiare sur la tête de Pie IX, dont la réputation de piété, de charité et de savoir était aussi bien établie dans les hauts rangs du clergé que dans le peuple.

Aussi, ainsi que nous l'avons rappelé, à Rome, dans toute l'Italie et au dehors, un élan de sympathie universelle salua l'élévation du vénéré Pie IX à la chaire de Saint-Pierre, et l'on vit même ceux qui devaient plus tard se déclarer ses implacables adversaires lui adresser des protestations de dévouement.

C'est ainsi que Garibaldi, si acharné aujourd'hui contre le saint-siége, écrivait, en 1846, une lettre respectueuse envers Pie IX. Voici ce document très-peu connu. Le hardi chef de guérillas était alors dans l'Uruguay. De concert avec un de ses amis intimes, Anzoni, Garibaldi formula la lettre suivante, qui fut envoyée au nonce apostolique à Rio-Janeiro :

« Si nos bras, non inaccoutumés à la guerre, peu-
« vent être agréables à Sa Sainteté, nous les offrons
« volontiers à celui qui sait si bien comment on peut
« à la fois servir l'Église et notre patrie. Pourvu que
« ce soit pour l'œuvre de rédemption commencée

« par Pie IX, nous nous considérons nous-mêmes « comme privilégiés en scellant notre dévouement de « notre sang. »

On sait comment l'agitateur a tenu ses promesses de dévouement; on sait aussi dans quels termes injurieux et indignes l'homme de Caprera parle aujourd'hui du pontife qu'il exaltait naguère. Pourquoi les feuilles garibaldiennes n'ont-elles jamais osé reproduire ce document accusateur?

L'Italie et le monde catholique avaient raison d'acclamer le nouveau chef de la catholicité. Sa bonté de cœur était immense, et si les tentatives révolutionnaires n'étaient venues entraver ses intentions généreuses, son pontificat eût été un acte permanent de clémence et de patriotisme.

A peine a-t-il pris possession du siége pontifical qu'il s'empresse de renvoyer les cinq mille Suisses que Grégoire XVI avait pris à sa solde pour former sa garde. Pie IX accorde ensuite une amnistie générale aux condamnés politiques et l'on vit rentrer à Rome un grand nombre d'exilés. Enfin, d'importantes réformes furent inaugurées, et sous l'inspiration du Pape, on procéda à une réorganisation administrative et judiciaire.

Mais les passions démagogiques ne pouvaient se laisser désarmer par les nobles tendances du pontife. C'était l'époque où, en Italie, en France et ailleurs, on sentait fermenter les idées subversives. Au Nord et au Midi de la Péninsule, les révolutionnaires s'agitaient. Bientôt ils concentrèrent leurs efforts sur Florence et Rome. Pie IX dut comprimer l'essor de ses sentiments généreux pour défendre les intérêts inséparables de sa double puissance temporelle et spirituelle.

C'est alors qu'il confia le ministère des affaires étrangères à un jurisconsulte éminent, M. Rossi. Ancien ambassadeur français près le Saint-Siége, M. Rossi était resté en Italie et paya de sa vie son dévouement à la papauté.

On a souvent raconté la mort du ministre de Pie IX; mais aucun historien n'est entré dans les détails que nous pouvons mettre sous les yeux du lecteur, d'après une correspondance adressée de Rome au journal l'*Étendard,* par notre confrère Armand Dubarry. Voici cet exposé, véritable tableau d'après nature :

« C'est dans un banquet donné à Livourne, à la fin d'octobre 1848, à des députés romains, par une association de conspirateurs furibonds, que l'assassinat de Rossi fut discuté pour la première fois. Quelques jours après, au milieu d'un autre banquet, qui eut lieu à Frascati entre les membres du comité national d'alors, cette proposition d'assassinat revint sur le tapis de la manière suivante :

« — Rossi mourra par le couteau.

« — Quand?

« — A l'ouverture de la Chambre.

« — Où?

« — Soit lorsqu'il descendra de voiture, soit lorsqu'il montera l'escalier du palais de la Chancellerie.

« — Qui portera le coup?

« — Un seul ne suffit pas, mille incidents pouvant empêcher la réussite de l'entreprise, et alors, adieu toute espérance ; que les exécuteurs soient au moins trois.

« — Lesquels?

« — Le sort le dira.

« Le lendemain, à la nuit noire, le même comité, au nombre de trente individus environ, était rassemblé dans une maison isolée, sur l'Esquilin. Chaque conspirateur inscrivit son nom sur un papier et le jeta dans le chapeau du président.

« — Amis, dit alors celui-ci, l'Italie compte sur vous; de la pointe de vos poignards doit scintiller la liberté; sortie du sang, cette liberté sera plus belle; achetée par le fer, elle sera plus forte ; croisez vos armes et jurez que celui de vous dont le nom sortira et qui reculera lâchement devant l'accomplissement de la sainte tâche sera lui-même percé par un de ces poignards.

« Et les lames se croisèrent les unes sur les autres, et tous répétèrent : *Mort à Rossi!*

« — Bien, reprit le président.

« Puis il tira les trois noms de son chapeau.

« Cette opération terminée et les élus désignés, la bande passa dans une salle souterraine éclairée par des torches fumeuses.

« Un homme attendait au milieu de cette salle, devant un paquet recouvert d'un drap; ce paquet contenait trois cadavres apportés de l'hôpital; l'homme qui les gardait était un chirurgien affilié au comité.

« Quand tout le monde se trouva réuni en cercle, le chirurgien enleva le drap qui cachait les cadavres, en fit dresser un sur ses pieds par deux des conspirateurs, et dit aux trois assassins choisis par le sort :

« - Si vous voulez que la victime tombe morte à vos pieds, il faut que vous lui donniez un coup sec sur la carotide : cette artère taillée, la vie est immédiatement arrêtée et l'homme tombe incontinent inerte.

« Puis, saissant un des assassins par la main et lui mettant un doigt sur le cou du cadavre :

« — Voilà la carotide, ajouta-t-il; essayez de la trancher comme je viens de vous l'indiquer.

« L'assassin tira son poignard, et d'un seul coup tailla l'artère.

« — Bravo! cria le chirurgien; à toi, maintenant, dit-il au second élu en faisant apporter un second cadavre; voici la carotide, observe qu'elle est près du tendon, tiens ton point de mire sous l'oreille; ainsi tu ne pourras te tromper.

« Le second assassin réussit comme le premier.

« — Très-bien, ajouta le chirurgien, en faisant faire la même école au troisième.

« Puis, il ajouta :

« — Je vous recommande de prendre garde à ce que le col soit bien découvert, à ce que le collet de l'habit n'arrête pas votre arme quand vous porterez le coup; à cet effet, que l'un de vous touche le ministre d'un côté avant l'exécution; il se retournera nécessairement pour voir qui l'aura touché : ce mouvement fera mieux ressortir la carotide : alors, l'exécuteur frappera rapidement, se retirera dans la foule et s'en ira.

« Ce cours d'assassinat dura quatre jours de la même façon.

« Rossi avait été averti, soit par des délateurs, soit par ses amis, de la trame qui s'ourdissait contre lui; mais il ne voulait pas croire que la lâcheté pût aller jusque là, et il n'avait rien fait pour découvrir et punir les conspirateurs. Cependant, redoutant quelques troubles à l'occasion de l'ouverture du Parlement, qui était fixée au 15 novembre, il appela à Rome un régiment de carabiniers et se crut maître de la situation, ignorant que tout le monde conspirait sa perte, non-seulement parce qu'il défendait l'ordre en même temps que la liberté, mais surtout parce qu'il avait appartenu à la France, parce qu'il avait été pair de France et ambassadeur de la cour des Tuileries près le saint-siége, et qu'en 1848, comme en 1867, on avait horreur du nom français en Italie.

« Le 14, Rossi lut son discours d'ouverture des Chambres à Pie IX, qui l'approuva, sans lui dissimuler combien il jugeait difficile et pénible la tâche qu'il avait assumée, sachant le nombre et la perfidie de ses ennemis.

« Le 15 au matin, Rossi reçut plusieurs lettres qui l'engageaient à ne pas aller à la Chambre et lui révélaient même une partie du complot; mais, plus aveuglé que jamais, et croyant à des exagérations, le ministre ne voulut point s'arrêter aux avertissements, aux avis qui lui étaient donnés, et sortit de chez lui pour se rendre où son devoir l'appelait.

« Avant d'aller à la Chambre, il monta au palais apostolique du Quirinal, vit le pape et lui demanda sa bénédiction.

« — Comte, lui dit le Saint-Père avec un triste pressentiment, restez ici, ces misérables sont capables de tout.

« — Ils sont plus lâches que cruels, répondit Rossi,

et il regagna sa voiture où, malgré les prières de quelques prélats de ses amis, il monta en compagnie de M. Righetti, substitut du ministre des finances.

« La place du Palais de la Chancellerie était encombrée d'une foule compacte et menaçante : « C'est lui ! Le voilà ! C'est lui ! » entendit-on de toutes parts, dès que parut son carrosse. Rossi descendit de voiture : son visage était calme, sa contenance assurée. Au moment où il entra sous le portique du palais, des sifflets et des hurlements prolongés remplirent l'air ; mais il ne s'en émut pas et s'avança d'un pas assuré entre deux haies de carabiniers qui retenaient la foule.

« Arrivé au bas du grand escalier, et à l'instant où il mettait le pied sur la première marche, il se sentit frappé à l'improviste au côté : il tourna aussitôt la tête ; mais à peine avait-il fait ce mouvement que, du côté opposé, un autre individu lui porta, avec la rapidité de l'éclair, un coup de stylet sur la carotide.

« Les instructions du chirurgien avaient été ponctuellement exécutées.

« Rossi s'écria : — Oh ! Dieu ! monta fébrilement trois marches de l'escalier, puis tomba.

« Les carabiniers ne bougèrent pas.

« — Qu'y a-t-il ? demandèrent quelques individus de la foule, en avançant la tête.

« — Chut ! chut ! ce n'est rien ! répondirent quelques autres.

« Et le portique du palais se dégarnit de moitié, tandis que la nouvelle de la réussite du complot courait de groupe en groupe sur la place.

« Le substitut Righetti et le secrétaire du ministre,

atterrés un moment par la scène atroce qui venait de se passer sous leurs yeux, prirent le ministre déjà baigné dans une mare de sang, le portèrent dans une chambre, au premier étage du palais, et le déposèrent sur une chaise.

« Rossi ouvrit une dernière fois les yeux, poussa un faible soupir et rendit l'âme.

« Sur ces entrefaites, on vint annoncer à la chambre la mort du président du conseil.

« — Que nous importe! est-ce que cela nous regarde? eurent l'air de dire les députés, qui n'eurent même pas la pudeur de dissimuler leur complicité, et qui continuèrent leur conversation quand on leur eut lancé cette phrase :

« — Rossi est mort!

« Les ambassadeurs et les autres personnages officiels sortirent indignés de cette caverne de meurtriers et coururent au Quirinal instruire le saint-père de ce qui venait d'arriver; mais ce vénérable pontife le savait déjà.

« C'était là le prologue du drame de la fuite de Pie IX.

« Le soir de ce jour mémorable, le comité révolutionnaire, entouré de ses sicaires et d'une populace en délire, à laquelle s'étaient mêlés des gardes nationaux et des carabiniers, porta par les rues et à la lueur des torches un misérable représentant l'assassin du ministre; cette foule, désignant le coupable dont la main était armée d'un poignard ensanglanté, chantait :

Benedetta quella mano
Che il Rossi pugnato.

« (Bénie soit cette main qui a poignardé Rossi).

« La horde en furie vint pousser ses vociférations sous les fenêtres du ministre, pendant que la veuve et son fils pleuraient agenouillés devant son cadavre ! »

Nous avons raconté avec quelque développement cet odieux attentat, parce qu'il fut comme le signal de la fureur révolutionnaire qui, depuis lors, n'a cessé de menacer le trône pontifical. A partir de ce moment, Pie IX ne se sentit plus en sûreté dans cette cité où venait de couler le sang de son ministre. L'émeute grondait aux portes mêmes du Quirinal. Le 24 novembre, le saint-père s'éloigna secrètement de Rome, dans la voiture du ministre de Bavière, et se retira à Gaëte, où le rejoignit le corps diplomatique.

C'en était fait : la démagogie la plus forcenée régnait en souveraine dans la ville sainte, et les agitateurs accoururent de tous les points de la Péninsule pour se jeter sur cette noble proie. Pendant ce temps, Pie IX réclamait l'appui des nations catholiques. L'Autriche, l'Espagne et la France répondirent.

Pendant ce temps, l'œuvre démagogique se poursuivait à Rome. Mazzini était l'âme de cette agitation révolutionnaire, et le 9 février 1849, la république démocratique romaine fut proclamée. Le même décret, adopté par les députés romains à la majorité de cent quarante-trois voix contre onze, prononçait la déchéance de la papauté qui, depuis des siècles, personnifiait la grandeur romaine. Rome, foulant aux pieds la tiare du chef de la catholicité, se suicidait elle-même. La population ne l'ignorait pas; mais elle subissait la tyrannie du parti révolutionnaire.

Une telle situation ne pouvait se prolonger. L'Autriche se prépara à marcher sur Bologne. Naples réunit un corps d'armée, et l'Espagne se mit en mesure de venir au secours de Pie IX. C'est alors que la France se décida à intervenir.

Cette grave résolution fut adoptée par l'Assemblée constituante, dans la séance du 30 mars 1849. Déjà dans la séance du 17 avril, M. Odilon Barrot, président du conseil des ministres, avait exposé les motifs de l'envoi à Rome d'un corps expéditionnaire français : « Les renseignements qui nous arrivent, disait-il, annoncent une crise imminente dans les États romains. La France ne peut y rester indifférente. » Et parmi les raisons qui, d'après lui, exigeaient l'intervention, M. Odilon Barrot signalait le protectorat de nos nationaux et le soin de maintenir notre légitime influence en Italie.

Du reste, rien de moins facile à élucider que le véritable caractère de la première expédition française à Rome. Dans les 444 voix qui se prononcèrent pour l'intervention, les vues étaient fort différentes. La Montagne, et avec elle M. Ledru-Rollin, espéraient en faire sortir une déclaration de guerre à l'Autriche. M. Thiers, au contraire, demandait qu'on fît cesser l'œuvre « des perturbateurs ridicules dominant dans une partie des provinces de la Péninsule. » Le président du conseil accabla M. Ledru-Rollin sous cette grave réplique : « Je le déclare, nous ne sommes pas arrivés au pouvoir pour réparer les regrets de l'honorable M. Ledru-Rollin, mais pour réparer les ruines dont il a semé le sol de la patrie. »

Mais comme, dans un intérêt ou dans un autre, la majorité désirait l'intervention, l'ordre du jour suivant fut adopté : « L'Assemblée nationale déclare que si, pour mieux garantir l'intégrité du territoire romain, et mieux sauvegarder les intérêts et l'honneur de la France, le pouvoir exécutif croit devoir prêter à ses négociations l'appui d'une occupation partielle et temporaire en Italie, il trouvera dans l'Assemblée nationale le plus entier concours. »

Un crédit de 1,200,000 francs fut voté pour l'entretien du corps expéditionnaire, qui partit bientôt de Marseille, sous les ordres du général Oudinot, duc de Reggio. Le 25 avril, l'escadre française, commandée par l'amiral Tréhouart, apparaissait devant Civita-Vecchia.

Le petit corps d'armée du général Oudinot était de 7,000 hommes. La population de Civita-Vecchia leur fit le meilleur accueil, et les troupes furent installées chez les habitants, dans les couvents ou dans les casernes de la ville. En débarquant, le général Oudinot avait fait afficher la proclamation suivante :

« Habitants des États romains, en présence des événements qui agitent l'Italie, la République française a résolu d'envoyer un corps d'armée sur votre territoire, non pour y défendre le gouvernement actuel *qu'elle* (la République) *n'a pas reconnu*, mais afin de détourner de votre patrie de grands malheurs. La France n'entend pas s'attribuer le droit de régler des intérêts qui sont, avant tout, ceux des populations romaines, et qui, dans ce qu'ils ont de plus général, s'étendent à l'Europe entière et *à tout l'univers chrétien*. Elle a cru seulement que par sa position elle était particulièrement appelée à intervenir pour faciliter l'établissement d'un régime également éloigné des abus à jamais détruits par la générosité de l'illustre Pie IX et de l'*anarchie de ces derniers temps*. Le drapeau que je viens d'arborer sur vos rives est celui de la paix, de l'ordre, de la conciliation, de la vraie liberté. Autour de lui se rallieront tous ceux qui voudront concourir à l'établissement de cette œuvre patriotique et sainte. »

Cette noble et digne proclamation fait honneur aux sentiments du duc de Reggio, et montre sous son véritable aspect la mission qu'il venait remplir, et dans quel esprit il voulait s'en acquitter. Elle produisit la plus favorable impression. On se mit donc en marche vers Rome, marche pacifique ; mais la démagogie mazzinienne ne l'entendait pas ainsi. Écoutons le général Oudinot raconter lui-même dans sa dépêche au gouvernement français les incidents de l'entrée du corps expéditionnaire sur le territoire romain :

« Des officiers très-intelligents, que j'avais envoyés pour étudier l'opinion publique, déclaraient unanimement qu'une forte reconnaissance sur Rome était nécessaire et suffirait pour suspendre immédiatement tous les préparatifs de résistance. Une prompte détermination était donc impérieusement prescrite.

« Le 28 avril, le corps expéditionnaire part de Civita-Vecchia. Il campe le 29 à Castel-Gelido ; jusque-là point d'hostilités. Voulant connaître le plus tôt possible les dispositions de la République romaine, je prescris au capitaine Oudinot, mon officier d'ordonnance, d'aller jusqu'aux avant-postes avec quelques chasseurs à cheval. Il les rencontre à environ trois lieues de notre camp. Les paroles pacifiques de cet officier sont accueillies par une décharge qui démonte un de nos chasseurs. Ce fait est isolé et ne nous ôte pas encore tout espoir de conciliation. Nous continuons à marcher sans rencontrer l'ennemi, et nous prenons position sur le plateau qui domine l'entrée de la ville par la porte Pertozza, avec l'intention de faire un dernier appel à la concorde.

« Mais le drapeau rouge flotte sur tous les forts, d'outrageantes vociférations accompagnent le feu le plus vif. Malgré de graves obstacles, la brigade Mollière couronne les hauteurs à droite et à gauche de la route. L'artillerie, l'infanterie répondent vigoureusement au feu de la place; mais l'ennemi est derrière des remparts, tandis que nos soldats sont à découvert.

« Pour faire diversion, je prescris à la brigade Levaillant de faire un mouvement agressif sur une route de gauche qui conduit à Angelica. Le valeureux officier, qui s'était offert à conduire cette troupe, au lieu de prendre le chemin qui y conduit à l'abri des remparts, suit une route qui y mène plus directement, mais qui est exposée au feu de l'ennemi. L'élan de nos soldats n'en est pas ralenti, et bien que la route suive parallèlement et à moins de deux cents mètres des remparts, ils s'y engagent avec une grande témérité.

« Dans le même moment les colonels Merula et Boutin, des 20e et 33e de ligne, faisant partie de la brigade Mollière, s'élancent avec une centaine d'hommes de leur régiment sur la porte Pertozza. Ils arrivent jusqu'au pied même du rempart. Profitant d'un pli de terrain, ils s'embusquent; mais les travaux tout récemment accumulés ne permettent pas le succès de cette audacieuse entreprise. Dès le commencement de l'action, quelques bataillons ennemis, ayant essayé de descendre dans la plaine, sont forcés de se retirer en toute hâte derrière les retranchements. »

Et le général Oudinot ajoute : « Ce n'était point un siége que nous voulions faire, mais une forte reconnaissance. Elle a été exécutée on ne peut plus glorieusement. J'ai donc fait suspendre le combat, et j'ai passé la nuit au lieu même où il avait commencé, sans qu'aucun soldat de l'ennemi osât sortir de ses réduits. »

Cet échec produisit un grand effet dans la population parisienne, mais les exaltés de la Montagne s'en réjouirent. Ils le pouvaient, car parmi ceux qui accueillaient nos soldats à coups de fusils, il y avait des démocrates français, entre autres un nommé Laviron, condamné par la haute cour de Bourges. Il fut tué au moment où il excitait les Romains contre ses compatriotes.

Pendant que l'on se préoccupait à Paris de l'insuccès qui marquait la première étape du corps expéditionnaire, pénétrons dans Rome pour jeter un coup d'œil sur les organisateurs de la défense. Le principal auteur de la résistance était Garibaldi, qui reçut avec le grade de général le commandement de la première brigade occupant toute la ligne qui s'étend de la porte Pertozza à la porte San-Pancrazio.

Avant d'aller plus loin, retraçons rapidement la biographie de ce personnage, dont nous aurons plus d'une fois à nous occuper dans le cours de ce travail historique. D'abord, le portrait physique d'après un de ses admirateurs fanatiques, le député Cuneo : « Stature moyenne, poitrine profonde et larges épaules. La structure de Garibaldi est jetée dans un moule de fer, combinant l'agilité avec la force. Il y a quelque chose de *statuesque* dans l'apparence de sa tête, avec son large front, ses traits réguliers et ses longs cheveux flottants qui se confondent avec sa longue barbe, dorée comme eux. La profonde expression de ses yeux pensifs et néanmoins perçants complète le caractère d'une personnalité qui inspire un mélange de respect et de confiance à la fois. »

Ce portrait est flatté avec toute l'emphase du style italien. Néanmoins il donne une idée du grand agitateur. Venons à la biographie.

Joseph Garibaldi est né à Nice, en 1807. Il a, par conséquent, soixante-un ans. Il appartenait à une famille de marins. Il n'a jamais pardonné à sa ville natale de s'être donnée à la France.

Son enfance se passa au milieu des matelots et des pêcheurs, et ses forces physiques se développèrent mieux que son instruction. Néanmoins, il fit quelques études. Mais bientôt il dut commencer à voyager et se consacrer à la marine marchande. Pour le repos de l'Italie, il est regrettable qu'il n'ait pas poursuivi cette profession.

Mais l'esprit remuant du jeune Garibaldi le poussa de bonne heure à s'immiscer dans les conspirations en Piémont, sous le gouvernement de Charles-Albert, et, ne se croyant pas en sûreté, il fit voile pour l'Orient. C'est loin de son pays qu'il se fit initier aux secrets de la *Jeune-Italie*, société secrète dont Mazzini était le promoteur. Ayant appris qu'il n'avait pas été impliqué dans le complot, il s'empressa de revenir et put même se faire admettre dans la marine militaire.

La société mazzinienne ne resta pas inactive. Les manœuvres des conspirateurs furent découvertes. Plusieurs payèrent de leur vie leur témérité. Garibaldi, plus heureux, prend encore la fuite. Constatons-le, c'est la seconde fois, et il n'a pas encore trente ans.

A l'aide d'un déguisement, il gagne Nice et Marseille, et trouve l'hospitalité sur cette terre française dont il ne peut parler aujourd'hui sans entrer en fureur. Un armateur lui avait confié le commandement d'un navire destiné au commerce avec le Levant; mais la mobilité de caractère et les ardeurs ambitieuses de Garibaldi lui firent abandonner ce poste. Il fut pris tout à coup de l'idée d'aller offrir ses services au bey de Tunis. Il ne fit encore là qu'un très-court séjour, et en 1836 il se rendit dans l'Amérique du Sud.

A cette mobilité fiévreuse on reconnaît l'homme dont l'existence inquiète, toujours en mouvement, semble faire de Garibaldi le *Juif-Errant* de la révolution. On dirait que son mauvais génie lui crie sans cesse : Marche, marche. Et il va, une épée ou une torche à la main. Singulière destinée !

Il s'arrête à Rio-Janeiro, rencontre plusieurs de ses compatriotes et s'associe avec eux pour acheter un petit navire qui lui sert à faire le cabotage entre Rio et Cabo-Frio. Cela dura neuf mois environ.

Un projet, bien plus conforme à son humeur

aventureuse, le poussa à aller offrir son navire et son équipage au chef d'une insurrection qui venait d'éclater dans le sud du Brésil, à Rio-Grande, et pour débuter il capture une barque brésilienne et va mouiller devant Montévideo.

Mais cette ville n'était rien moins que favorable à l'insurrection, dont Garibaldi avait arboré le pavillon. Une décharge de mousqueterie met le désordre à son bord. Une balle l'atteint au-dessous de l'oreille. L'équipage s'empresse de chercher un refuge au havre de Gualegay. Il n'est pas mieux reçu et est fait prisonnier. A quelque temps de là, il s'évada, mais, ayant été repris, il fut suspendu par les mains pendant deux heures. Il paraît que l'un de ses bras a toujours conservé les effets de ce supplice. On finit par lui rendre la liberté.

Naturellement il se rendit à Rio-Grande, et là il se livra à toutes les audaces de son caractère. Il était dans son élément. C'est à cette époque et pendant qu'il occupait le port de Laguna qu'il épousa une jeune fille de cette ville, Annita, qui lui témoigna par la suite un dévouement à toute épreuve, et mourut de fatigue à la retraite de Rome.

Bientôt lassé de servir les intérêts de l'insurrection, il se rendit dans l'Uruguay et recommença ses exploits de guérillero. Les agitations démagogiques de l'Italie, en 1848, le rappelèrent dans la Péninsule. Nous l'avons vu à l'œuvre derrière les remparts de Rome.

Mais si Garibaldi dirigeait la défense contre l'armée française, l'âme du parti démagogique à Rome, c'était Mazzini. Esquissons aussi le portrait du célèbre conspirateur, qui s'entend si bien à se tenir loin des mines qu'il creuse et auxquelles il fait mettre le feu.

Mazzini est né à Gênes, le 27 juin 1808. Son père était professeur de médecine à l'université de cette ville. Il étudia d'abord le droit, mais ne tarda point à délaisser le barreau pour la politique. A vingt ans, il fonde un journal littéraire, *l'Indicatore genovese.* On le supprime. Mazzini ne se décourage pas, et va fonder à Livourne *l'Indicatore livornese,* qui subit le même sort. Il rentre alors dans sa ville natale, et bientôt les audaces de ses opinions politiques le font incarcérer, puis chasser de l'État génois.

A l'exemple de Garibaldi, il vient demander l'hospitalité à la France. Il était déjà affilié à la société des carbonari. Il arrive à Marseille, et s'occupe aussitôt de former une nouvelle association secrète sous le nom de *la Jeune-Italie* (*Giovine Italia*). Un journal portant le même titre soutenait l'entreprise mazzinienne.

C'est là, qu'on ne s'y trompe pas, un fait important, car l'idée unitaire rêvée par Dante, Machiavel et Alfieri revêtit une forme pratique dans l'association de *la Jeune-Italie.* L'unité italienne est donc une œuvre essentiellement mazzinienne, et les hommes d'État italiens qui l'ont propagée, à commencer par Cavour, ne sont que les disciples du célèbre conspirateur devenu le grand apôtre de l'assassinat politique. Donc aussi, dans l'entreprise révolutionnaire de la Péninsule, Garibaldi est le bras, mais la tête ce fut Mazzini.

Cependant, il fallait une tête couronnée pour se mettre à la tête du mouvement unitaire. Le chef de la *Jeune-Italie* proposa à Charles-Albert de prendre cette initiative. Le roi de Piémont refusa. Moins timoré et plus imprudent que son père, Victor-Emmanuel a accepté ce lourd fardeau, et personne n'ignore que ce poids pèse fortement sur ses épaules.

Constatons, du reste, que dès cette époque Mazzini rêvait le triomphe de la démocratie sur les ruines du catholicisme. Il est resté fidèle à son programme.

Ces dangereux utopistes ne se contentaient pas de rêver, ils agissaient, et bientôt le gouvernement piémontais fut mis sur les traces d'une vaste conspiration. Les coupables furent découverts et punis. Naturellement, Mazzini, le chef de la sédition, ne perdit même pas un cheveu. Il transporta à Londres le quartier général de ses intrigues.

En Angleterre, Mazzini fonde un nouveau journal, organe de la *Jeune-Italie*. Il l'appelle *l'Apostolato popolare*. Les excès de cette feuille appelèrent l'attention du gouvernement anglais, et Mazzini fut accusé d'avoir trempé dans l'assassinat de deux espions italiens tués en France. On saisit sa correspondance.

Ce conspirateur obstiné était encore en Angleterre lorsque Pie IX monta sur le siége pontifical, et, comme Garibaldi, il osa adresser ses félicitations au vénéré pontife, qu'il devait poursuivre de sa haine féroce. Enfin, en 1848, à la révolution de février, il accourt à Paris, ouvre un club et conduit à l'Hôtel-de-Ville une députation d'Italiens.

Mais le souffle révolutionnaire passe aussi sur la Péninsule, et Mazzini se hâte de traverser les Alpes, et ce grand patriote, au lieu de favoriser l'affranchissement, organise des clubs révolutionnaires à Gênes et à Milan, et, par ses manœuvres et l'influence de son journal *l'Italia del Popolo*, s'opposa à la réunion de la Lombardie au Piémont. Dès que la démagogie se fut installée à Rome, Mazzini s'empressa d'y accourir. Un homme d'État italien, M. Farini, a peint en quelques lignes ce dangereux conspirateur : « En théologie, dit-il, Mazzini est déiste, panthéiste, rationaliste tour à tour, ou un peu tout cela à la fois; il semble chrétien, mais on ne saurait dire s'il est catholique, ou protestant, ou de quelle secte. Il a semblé, pendant quelque temps, qu'il copiât en tout Lamennais, autre esprit sans aucun système. Je crois Mazzini un homme médiocre en toutes choses; mais c'est un génie d'opiniâtreté... parole facile, imagée, caressante; idées extraordinaires qui semblent sublimes aux ignorants; indulgence pour les erreurs, les scélératesses mêmes des siens; usages et façons démocratiques; culte idolâtre du peuple qu'il place sur la terre et dans le ciel à côté de Dieu. » Voilà l'apôtre, nous devrions écrire le mauvais génie de l'Italie.

Nous l'avons dit, les montagnards de l'Assemblée constituante, en communion d'idées avec les révolutionnaires de Rome, voulurent profiter de l'insuccès de la première heure pour faire échouer l'expédition. Ils parvinrent à enlever, le 7 mai, un ordre du jour qui « invitait le gouvernement à prendre, sans délai, les mesures nécessaires pour que l'expédition d'Italie ne fût pas plus longtemps détournée du but qui lui était assigné. » Ce fut alors que M. Ferdinand de Lesseps fut envoyé à Rome avec la mission étrange d'entamer de nouvelles négociations. Négocier après que le sang français avait coulé sous les murs de Rome, voilà comment le gouvernement de la République entendait la fierté nationale !

Mais le président de la République comprenait autrement la voix du patriotisme, et M. de Lesseps remit au général Oudinot une lettre autographe du prince. Elle était conçue en ces termes : « Mon cher général, la nouvelle télégraphique qui annonce la résistance imprévue que vous avez rencontrée sous les murs de Rome m'a vivement peiné. J'espérais, vous le savez, que les habitants de Rome, ouvrant les yeux à l'évidence, recevraient avec empressement une armée qui venait accomplir chez eux une mission bienveillante et désintéressée. Il en a été autrement. Nos soldats ont été reçus en ennemis. Notre honneur militaire est engagé. Je ne souffrirai pas qu'il reçoive aucune atteinte. Les renforts ne vous manqueront pas. Dites à vos soldats que j'apprécie leur bravoure, que je partage leurs peines et qu'ils pourront toujours compter sur mon appui et ma reconnaissance. »

En conséquence, le corps expéditionnaire fut successivement porté à 25,000 hommes, et M. de Lesseps, après s'être épuisé en efforts stériles et n'avoir atteint comme résultat que de se brouiller avec le commandant en chef du corps expéditionnaire, fut rappelé à Paris. Le 3 juin, le siége de Rome commença.

Cette fois, des études stratégiques permirent d'attaquer la ville par son côté abordable, c'est-à-dire du côté du Transtévère et du quartier du Vatican. L'armée française s'empara d'abord des hauteurs de la villa Pamfili et du Ponte-Molo, et se disposa en croissant autour du point vulnérable de la place.

Le feu commença, mais avec des précautions infinies, pour ne pas endommager les magnifiques monuments de la ville éternelle. C'est le général de génie Vaillant, commandant en second de l'expédition, aujourd'hui maréchal de France et ministre de la maison de l'Empereur, qui se distingua dans cet acte de respect pour les gloires artistiques de la ville sainte.

Cependant le siége était poussé activement. Le 21, trois brèches furent ouvertes, et nos vaillants soldats s'élancèrent en avant et gagnèrent du terrain. Telle fut la rapidité de ce mouvement en avant, que d'après une relation garibaldienne, « l'officier romain faisant dans la nuit du 21 ses rondes d'inspection se trouva entouré près de la porte San-Pancrazio et fait prisonnier. Là où il avait laissé ses soldats une demi-heure auparavant, stationnait maintenant l'ennemi, occupant la brèche aussi paisiblement qu'il aurait pu monter la garde dans une forteresse. Tout cet événement fut enveloppé d'un mystère inexplicable. Les sentinelles terrifiées déclarèrent que les Français avaient fait leur apparition de dessous terre et les avaient forcés de fuir. » On voit bien que la garnison romaine n'avait pas l'habitude de se trouver face à face avec la *furia* française.

Dès ce moment, le découragement se mit dans la population de la ville. Parmi les chefs révolutionnaires la divergence de vues souleva des colères. Le commandant en chef Roselli était partisan d'une attaque générale pour regagner les positions perdues. Mazzini appuyait cette opinion. Garibaldi la combattait.

Le 29 eut lieu une action décisive. Le corps expéditionnaire s'empara de deux bastions et d'une partie du Janicule, et le lendemain matin, c'est-à-dire le 30 juin 1849, l'armée française fit son entrée dans Rome. Le colonel Niel, aujourd'hui ministre de la guerre, alla porter au pape la nouvelle de la prise de la ville. Garibaldi et sa bande se sauvèrent en toute hâte. Mazzini en fit autant.

L'assemblée constituante romaine ne pouvait survivre à la chute des démagogues. Elle fut dissoute, et une commission gouvernementale, composée de trois cardinaux, fut installée. En attendant le retour du calme, Pie IX se retira à Naples, et ajourna sa rentrée jusqu'en avril 1850. Il accorda des réformes; mais on n'attise pas en vain les passions d'un peuple aussi impressionnable que celui de la Péninsule, et, sous peine de voir reparaître le drapeau rouge, l'occupation française à Rome dut se prolonger. On sait que la convention du 15 septembre n'eut d'autre but que de substituer à cette protection armée un appui moral. Fidèle à sa parole, la France n'a pas hésité à faire flotter de nouveau son drapeau sur Rome, le jour où la mauvaise foi de l'Italie a mis encore une fois en péril le siége de la catholicité.

LA SECONDE

EXPÉDITION FRANÇAISE A ROME

CHAPITRE PREMIER

Les États pontificaux de 1849 à 1859. — Les manœuvres de la cour de Turin. — Après Mazzini, Cavour. — Le commencement de la politique agressive du Piémont. — Annexion des Romagnes. — Une allocution de Pie IX. — Protestations de la France contre les envahissements piémontais. — Rappel de l'ambassadeur des Tuileries près la cour de Turin. — Les limites actuelles du territoire pontifical. — Rome et ses provinces. — La convention du 15 septembre. — Le départ des troupes françaises de Rome. — La légion d'Antibes. — Biographie du cardinal Antonelli.

Par le *motu proprio* en date du 12 septembre 1849, Pie IX avait accordé certaines libertés. Il avait institué un conseil d'Etat, une consulte d'État pour les finances. Il confirma l'institution des conseils provinciaux et concéda des réformes et des améliorations s'étendant à l'ordre judiciaire, ainsi qu'à la législation civile, criminelle et administrative. Enfin il promulgua une amnistie dont les plus compromis dans la révolte furent seuls exceptés.

Voilà donc la papauté délivrée, au moins pour un temps, des Mazzini, Garibaldi et autres chefs du parti démagogique. Mais un autre ennemi, un renard à défaut d'un lion, essayait ses forces en Piémont et s'apprêtait à jouer sa comédie annexionniste.

M. de Cavour prélude dès 1852 à sa guerre contre le saint-siége en enlevant aux corporations religieuses le monopole de l'enseignement, et loin de tenir compte des protestations du pontife, il commence à persécuter les prélats italiens. Puis, au congrès de Paris, on l'entendit, non sans surprise, réclamer l'indépendance et l'unification de l'Italie.

Encore quelque temps, et nous allons assister aux iniques absorptions qui ont fini par réduire l'État du saint-père au mince territoire qu'on voudrait encore lui arracher.

Vraiment, c'est une histoire bien triste que celle des manœuvres révolutionnaires et des moyens dont le gouvernement de Victor-Emmanuel se servit pour envahir et morceler les provinces pontificales.

Sous prétexte que des réformes étaient nécessaires dans l'administration du saint-siége, on ne trouva rien de mieux que de provoquer les passions agitatrices. L'effet de la propagande révolutionnaire ne se fit pas attendre, et le 12 juin 1859, le jour même où les Autrichiens abandonnaient Bologne, un gouvernement confiait le pouvoir à Victor-Emmanuel. Ce courant annexionniste se propagea dans toute la Romagne et jusque dans l'Ombrie, et bientôt Pérouse se soulevait.

Le saint-père, dans l'allocution qu'il prononça le 20 juin 1859, déplorait en ces termes les faits qui venaient de s'accomplir au détriment de l'autorité pontificale : « A Bologne, des conspirateurs connus par leur audace et ne mettant plus de frein à leur perversité ne craignirent pas de se soulever... Ils poussèrent le crime et l'impudence à ce point de ne pas craindre de changer le gouvernement, de demander la dictature du roi de Sardaigne et d'envoyer en conséquence des députés vers ce roi...

« Nous protestons de toute la force de notre âme contre tout ce que les révoltés ont osé faire, et en vertu de notre autorité suprême, nous condamnons, réprouvons, cassons, abolissons tous et chacun des actes accomplis, soit à Bologne et à Ravenne, soit à Pérouse, soit ailleurs, décrétant que tous ces actes sont nuls, illégitimes, sacriléges. Nous rappelons de plus au souvenir de tous l'excommunication majeure et les autres censures portées par les sacrés canons et surtout par les décrets du concile de Trente, peine qu'encourent, sans qu'il soit besoin d'aucune délibération, tous ceux qui ont l'audace d'attaquer en quelque manière que ce soit la puissance temporelle du pontife romain. »

Non content d'avoir flétri lui-même les iniques annexions commises contre les provinces de l'Église, le 20 février 1860, Pie IX faisait adresser au nonce apostolique à Paris, par le cardinal Antonelli, une dépêche développée, dans laquelle on dévoilait le système suivi par le cabinet de Turin, système qui dirige encore à cette heure la politique italienne.

Ce qui avait eu lieu pour les Romagnes se renouvela pour les Marches et l'Ombrie, en dépit de la valeur déployée par la petite armée pontificale, sous le commandement du général Lamoricière. Un vote illusoire vint pallier cette nouvelle extorsion.

Le gouvernement français ne cessa de protester contre le système annexionniste de Victor-Emmanuel, et comme ses réclamations restaient sans effet, il rappela son représentant près la cour de Turin. Le gouvernement français a acquis depuis la preuve que, pour obtenir quelque chose de la politique italienne, il ne suffit pas de parler, il faut agir.

C'est ainsi que les États de l'Église qui, avant 1859, embrassaient vingt provinces et comprenaient trois millions d'habitants, ont été réduits à moins d'un quart de ce qu'ils étaient à cette époque, c'est-à-dire à cinq provinces, formant au centre de l'Italie une sorte de parallélogramme incliné sur la mer Tyrrhénienne.

Ces provinces sont : au centre, celle de Rome; au nord, celles de Civita-Vecchia et de Viterbe; au sud, celles de Velletri et de Frosinone. L'ensemble du territoire ne dépasse pas 214,000 mètres carrés, avec une population d'environ 750,000 habitants.

L'État pontifical peut donc être comparé, comme importance, à un de nos départements français, et non pas des plus importants ni des plus peuplés.

Pour avoir une idée exacte de la configuration de ce territoire, suivons sur la carte la ligne frontière qui sépare les provinces pontificales du territoire italien.

En partant de l'extrémité méridionale, c'est-à-dire de Terracine, ville frontière au bord de la mer, on côtoie la terre de Labour jusqu'à Ceprano, station du chemin de fer de Rome à Naples, située sur la rive droite du Liri. Ainsi, une ligne qui joindrait Terracine à Ceprano formerait le côté sud du parallélogramme.

Le côté qui fait face à la mer commence à Ceprano pour atteindre Acquapendente, ville située sur une hauteur près de la Paglia, affluent du Tibre.

Enfin, au nord, la frontière part du village de Pescia, près du lac Burano, pour aller rejoindre Acquapendente. Le quatrième côté s'étend le long de la mer, où se trouve, entre autres points de relâche pour la navigation, Civita-Vecchia, qu'une voie ferrée relie avec Rome.

Sans parler de Rome, les villes principales des États romains sont Frosinone, Velletri, Viterbe et Civita-Vecchia. Un mot sur chacune de ces cités, qui forment comme des points de repaire pour suivre les événements dont le territoire pontifical est le théâtre.

Frosinone, située sur un mamelon, dans une position pittoresque, à 2 kilomètres du chemin de fer de Rome à Naples, possède environ 7,600 habitants. Les défenses ont été restaurées, et elle possède une petite garnison. Elle est à 75 kilomètres de Rome.

Velletri, l'ancienne *Vellitræ* des Volsques, où naquit Auguste, apparaît sur les pentes de Monte-Artemisco, à 36 kilomètres au sud-est de Rome. Cette ville, assez mal bâtie, compte 12,400 habitants.

Plus importante est Viterbe (*vetus urbs*), chef-lieu de la province de ce nom, située sur les pentes occidentales de Monte-Comino. On y compte 14,612 habitants et une garnison assez nombreuse.

Enfin Civita-Vecchia, le port principal des États pontificaux, situé à 50 kilomètres au nord-ouest de Rome. Les fortifications de Civita-Vecchia sont en rapport avec sa situation. La ville compte 9,000 habitants.

Mentionnons seulement pour mémoire les autres villes du second ordre des États romains, savoir : Acquapendente, Bolsena, Monte-Fiascone, Toscanella, Romiglione, Cometo, Civita-Castellana, Satri,

Nepi, Monte-Rotondo, illustrée par la victoire remportée par les troupes françaises et pontificales, Tivoli, Frascati, Ostia, Marino, Albano, Genzano, Segui, Ferentino, Veroli, Ceprano, Piperno et Terracina. Les autres localités sont des bourgades et des hameaux.

Empressons-nous de constater que, loin de se montrer hostile aux entreprises utiles, comme les feuilles révolutionnaires ne cessent effrontément de le répéter, le gouvernement pontifical encourage les grands travaux d'utilité publique et toutes les mesures véritablement opportunes. Les chemins de fer, en particulier, ont été l'objet de la sollicitude pontificale.

Dans le mois de juillet 1863, Pie IX fit concéder la ligne de Civita-Vecchia à Chiarone. Aujourd'hui, des voies ferrées relient Rome à Frascati, à Naples (par Albano, Velletri, Frosinone, San-Germano, Capoue et Caserte), à Corèse. Pie IX visite lui-même souvent les travaux qui s'exécutent sur son territoire. En même temps, il améliore les autres voies de circulation. C'est ainsi qu'il a accordé cinquante-cinq mille écus à la ville de Norma et mille à celle de Sermoneta pour leur permettre d'exécuter les routes nécessaires au transport de leurs produits.

D'autres améliorations d'un ordre plus élevé et portant sur le régime judiciaire, sur les tarifs douaniers, etc., ont suivi les innovations matérielles et se complètent chaque jour.

Aussi, malgré les excitations et les manœuvres des agents révolutionnaires, la population de Rome et des provinces du saint-siége n'a garde d'ambitionner le sort des sujets de Victor-Emmanuel, atteints par la conscription et écrasés par les impôts.

Vers la fin de l'année 1864 se place un événement important dans l'histoire des relations du saint-siége avec l'Italie et la France : nous voulons parler de la convention du 15 septembre.

Ce traité, qui vient d'être si indignement violé par le gouvernement italien, avait pour but de mettre fin à l'occupation française à Rome et de garantir au saint-père la possession de ses provinces de l'Église.

Pour prouver combien l'attitude et les prétentions actuelles du cabinet de Florence sont contraires à l'esprit et à la lettre du traité, nous rappelons les déclarations officiellement formulées par le gouvernement français à l'occasion de la signature de l'acte du 15 septembre.

La nouvelle des négociations ouvertes entre Paris et Florence fut donnée par la publication d'un article du *Constitutionnel*, reproduit par le *Moniteur* du 23 septembre. Il était ainsi conçu :

« La presse italienne s'occupe beaucoup, depuis quelques jours, d'un arrangement qui aurait été conclu entre la France et l'Italie en vue de régler les conditions auxquelles pourrait s'effectuer l'évacuation de Rome par les troupes françaises. Dans des questions aussi importantes, il est sage de se prémunir contre les premières impressions qui résultent trop souvent de renseignements incomplets ou inexacts, et nous croyons devoir apporter notre contingent d'informations pour éclairer l'opinion autant qu'il dépend de nous sur les faits qui paraissent devoir inaugurer en Italie une situation nouvelle.

« Tout a été dit au sujet de l'occupation française à Rome. On sait quels puissants motifs y ont conduit le drapeau de la France et ont déterminé le gouvernement de l'Empereur à l'y maintenir jusqu'ici. Destinée à pourvoir à d'impérieuses nécessités, cette occupation a toujours été considérée comme un fait exceptionnel et passager, que l'intérêt commun de la papauté, de la France et de l'Italie conseillait de faire cesser aussitôt que les circonstances le permettraient. C'est ce que le gouvernement du saint-père a pensé lui-même à différentes époques, et si des événements inopinés ont empêché, notamment en 1859 et 1860, la réalisation des arrangements pris avec le saint-siége pour le départ de nos troupes, ces arrangements prouvent que le gouvernement romain appréciait pour lui-même la convenance et la nécessité de rentrer dans les conditions normales d'un gouvernement indépendant, aussitôt que sa sécurité serait assurée. Tous les efforts du gouvernement français ont tendu à amener ce résultat. L'Empereur écrivait le 12 juillet 1861 au roi d'Italie : « Je laisserai mes « troupes à Rome tant que Votre Majesté ne sera pas « réconciliée avec le pape ou que le saint-père sera « menacé de voir les États qui lui restent envahis « par une force régulière ou irrégulière. »

« Conformément à ce programme, le gouvernement français a dû attendre ou que l'apaisement des esprits, auquel il n'a cessé de travailler, facilitât un rapprochement si nécessaire à la conciliation des deux grands intérêts qui partagent l'Italie, ou que les circonstances permissent de stipuler en faveur du saint-père et de ses États des garanties qui les missent à l'abri de tout danger. Décidé à décliner toute négociation qui aurait pour point de départ la revendication de Rome comme capitale de l'Italie, ainsi que l'a dit formellement M. Drouyn de Lhuys dans sa dépêche du 25 octobre 1862 au chargé d'affaires de France à Turin, le gouvernement français s'est toujours déclaré prêt à prendre en considération toute suggestion qui lui semblerait de nature à conduire au but qu'il désirait atteindre. Frappé des heureux changements qui, depuis deux ans, se sont manifestés dans la Péninsule, de l'apaisement ou de la répression des passions anarchiques, du progrès des idées modérées qui tendent de plus en plus à prévaloir et qui assignent à l'activité de l'Italie un autre but que la réalisation par la force d'un projet auquel nous étions résolus de nous opposer, le gouvernement français était prêt à saisir la première occasion qui lui serait offerte de rechercher les moyens de mettre fin à une situation embarrassante et onéreuse pour tout le monde. Aussi, quand le gouvernement italien, préoccupé des nécessités d'organisation du nouvel État, et des considérations stratégiques, politiques et administratives qui doivent déterminer le choix d'une capitale, lui a fait part de sa résolution de transférer dans une autre ville que Turin le siége de l'autorité centrale du royaume, le gouvernement de l'Empereur a-t-il pensé que le moment était venu d'examiner et de discuter les conditions qui lui permettraient de quitter Rome en toute sécurité.

« Si nous sommes bien informés, des pourparlers qui se sont engagés à ce sujet serait résulté un arrangement contenant les stipulations suivantes :

« L'Italie s'engagerait à respecter le territoire actuel du saint-père et à empêcher toute attaque qui serait dirigée du dehors contre ce territoire. La France retirerait ses troupes de Rome graduellement, au fur et à mesure de l'organisation de l'armée du saint-père. L'évacuation serait accomplie dans le délai de deux ans.

« L'armée papale, recrutée, s'il convenait au gouvernement romain, de volontaires catholiques étrangers, serait suffisante pour maintenir l'autorité du saint-père, et la tranquillité de l'intérieur et de la frontière de ses États, sans que le gouvernement italien élevât aucune réclamation contre la composition ou le chiffre de cette armée, pourvu qu'elle ne dégénérât pas en moyen d'attaque contre l'Italie. Enfin, l'Italie prendrait à sa charge la part de la dette romaine afférente aux anciennes provinces de l'Église. »

Cet article n'était que la paraphrase d'une dépêche diplomatique adressée par M. Drouyn de Lhuys, ministre des affaires étrangères de France, à M. le comte de Sartiges, ambassadeur de France à Rome.

Le 7 octobre, *le Moniteur universel* publia l'ensemble des arrangements conclus entre la France et l'Italie, c'est-à-dire le texte même de la Convention. Nous reproduisons les documents du traité dont à cette heure le cabinet de Florence cherche à se dégager par tous les moyens possibles, avouables ou non :

CONVENTION ENTRE LA FRANCE ET L'ITALIE

« Leurs Majestés l'Empereur des Français et le roi d'Italie, ayant résolu de conclure une Convention, ont nommé pour leurs plénipotentiaires, savoir :

« Sa Majesté l'Empereur des Français :

« M. Drouyn de Lhuys, sénateur de l'empire, grand'croix de l'ordre impérial de la Légion d'honneur et de l'ordre des Saints-Maurice et Lazare, etc., son ministre et secrétaire d'État au département des affaires étrangères;

« Et Sa Majesté le roi d'Italie :

« M. le chevalier Constantin Nigra, grand'croix de l'ordre des Saints-Maurice et Lazare, grand-officier de l'ordre impérial de la Légion d'honneur, etc., son envoyé extraordinaire et ministre plénipotentiaire près Sa Majesté l'Empereur des Français ;

« Et M. le marquis Joachim Pepoli, grand'croix de l'ordre des Saints-Maurice et Lazare, chevalier de l'ordre impérial de la Légion d'honneur, etc., son envoyé extraordinaire et ministre plénipotentiaire près Sa Majesté l'empereur de toutes les Russies ;

« Lesquels, après s'être communiqué leurs pleins pouvoirs respectifs, trouvés en bonne et due forme, sont convenus des articles suivants :

« Art. 1er. L'Italie s'engage à ne pas attaquer le territoire actuel du saint-père et à empêcher, même par la force, toute attaque venant de l'extérieur contre ledit territoire.

« Art. 2. La France retirera ses troupes des États pontificaux graduellement et à mesure que l'armée du saint-père sera organisée. L'évacuation devra néanmoins être accomplie dans le délai de deux ans.

« Art. 3. Le gouvernement italien s'interdit toute réclamation contre l'organisation de l'armée papale, composée même de volontaires catholiques étrangers, suffisante pour maintenir l'autorité du saint-père et la tranquillité tant à l'intérieur que sur les frontières de ses Etats, pourvu que cette force ne puisse dégénérer en moyen d'attaque contre le gouvernement italien.

« Art. 4. L'Italie se déclare prête à entrer en arrangement pour prendre à sa charge une part proportionnelle à la dette des anciens États de l'Église.

« Art. 5. La présente Convention sera ratifiée et les ratifications en seront échangées dans le délai de quinze jours, ou plutôt si faire se peut.

« En foi et témoignage de quoi, les plénipotentiaires respectifs ont signé la présente Convention et l'ont revêtue du cachet de leurs armes.

« Fait double à Paris le quinzième jour du mois de septembre de l'an de grâce mil huit cent soixante-quatre.

« (L. S.) *Signé :* Drouyn de Lhuys,
Nigra,
Pepoli. »

Protocle faisant suite à la convention signée à Paris entre la France et l'Italie touchant l'évacuation des États pontificaux par les troupes françaises.

« La convention signée, en date de ce jour, entre Leurs Majestés l'Empereur des Français et le roi d'Italie n'aura de valeur exécutoire que lorsque Sa Majesté le roi d'Italie aura décrété la translation de la capitale du royaume dans l'endroit qui sera ultérieurement déterminé par Sa dite Majesté. Cette translation devra être opérée dans le terme de six mois, à dater de ladite convention.

« Le présent protocole aura même force et valeur que la convention susmentionnée. Il sera ratifié, et les ratifications en seront échangées en même temps que celles de ladite convention.

« Fait double à Paris le 15 septembre 1864.

« (L. S.) *Signé :* DROUYN DE LHUYS,
NIGRA,
PEPOLI. »

DÉCLARATION

« Aux termes de la convention du 15 septembre 1864 et du protocole annexé, le délai pour la translation de la capitale du royaume d'Italie avait été fixé à six mois à dater de ladite convention, et l'évacuation des États romains par les troupes françaises devait être effectuée dans un terme de deux ans à partir de la date du décret qui aurait ordonné la translation.

« Les plénipotentiaires italiens supposaient alors que cette mesure pourrait être prise en vertu d'un décret qui serait rendu immédiatement par Sa Majesté le roi d'Italie. Dans cette hypothèse, le point de départ des deux termes eût été presque simultané, et le gouvernement italien aurait eu, pour transférer sa capitale, les six mois jugés nécessaires.

« Mais, d'un côté, le cabinet de Turin a pensé qu'une mesure aussi importante réclamait le concours des chambres et la présentation d'une loi ;

de l'autre, le changement du ministère italien a fait ajourner du 5 au 24 octobre la réunion du parlement. Dans ces circonstances, le point de départ primitivement convenu ne laisserait plus un délai suffisant pour la translation de la capitale.

« Le gouvernement de l'Empereur, désireux de se prêter à toute combinaison qui, sans altérer les arrangements du 15 septembre, serait propre à en faciliter l'exécution, consent à ce que le délai de six mois pour la translation de la capitale de l'Italie commence, ainsi que le délai de deux ans pour l'évacuation du territoire pontifical, à la date du décret royal sanctionnant la loi qui va être présentée au parlement italien.

« Fait double à Paris le 3 octobre 1864.

« *Signé :* DROUYN DE LHUYS,
NIGRA. »

Malgré le sens bien défini de la convention, les subtilités de la politique florentine essayaient de dénaturer l'esprit du traité, et le ministre des affaires étrangères de France insista de nouveau sur la portée du traité et résuma les déclarations formelles de la France dans les propositions suivantes :

« 1° Parmi les moyens violents dont l'Italie s'est interdit l'emploi, on doit compter les manœuvres d'agents révolutionnaires sur le territoire pontifical, ainsi que toute agitation tendant à produire des mouvements insurrectionnels ;

« 2° Quant aux moyens moraux dont elle s'est réservé l'usage, ils consistent uniquement dans les *forces de la civilisation et du progrès ;*

« 3° Les seules aspirations que la cour de Turin considère comme légitimes sont celles qui ont pour objet la réconciliation de l'Italie avec la papauté;

« 4° La translation de la capitale est un gage sérieux donné à la France; ce n'est ni un expédient, ni une étape vers Rome. Supprimer le gage, serait détruire le contrat;

« 5° Les propositions de M. le comte de Cavour, en 1861, ne contenaient point cette clause relative à la capitale; en outre, elles limitaient à un chiffre déterminé l'armée du saint-père, et assignaient pour le départ de nos troupes un délai de quinze jours. On ne saurait méconnaître les différences considérables qui existent entre ces propositions et les arrangements du mois de septembre ;

« 6° Le cas d'une révolution qui viendrait à éclater spontanément dans Rome n'est point prévu par la convention. La France, pour cette éventualité, réserve sa liberté d'action ;

« 7° Le cabinet de Turin maintient la politique de M. de Cavour. Or cet homme illustre a déclaré que Rome ne pourrait être unie à l'Italie et en devenir la capitale qu'avec le consentement de la France. »

Ainsi Florence, d'après l'engagement d'honneur de l'Italie, est et doit rester la capitale définitive du royaume. En second lieu, toute tentative ouverte ou cachée pour exciter de l'agitation dans les États de l'Église est une violation du traité.

Qu'on se prononce maintenant sur la bonne foi du gouvernement italien et son respect pour la parole donnée!

Le cabinet de Florence a cru trouver un palliatif à sa conduite en prétendant que l'organisation de la légion d'Antibes portait atteinte au traité. Les documents diplomatiques présentés aux chambres ont facilement établi que la convention du 15 septembre autorisait pleinement la création de cette force militaire, qui n'était que trop nécessaire pour arrêter les agressions révolutionnaires.

Avant d'arriver au récit de cette odieuse invasion, esquissons la biographie du cardinal secrétaire d'État Antonelli, dont le dévouement n'a pas fait défaut à Pie IX depuis que Sa Sainteté a été élevée au pontificat.

Le cardinal Jacques Antonelli est né à Sonnino, près de Terracine, le 2 avril 1806. Le village de Sonnino jouit d'une assez mauvaise réputation au point de vue du banditisme, et les journaux révolutionnaires font de l'esprit à bon marché en rappelant ce souvenir chaque fois qu'ils s'occupent du conseiller de Pie IX.

Le cardinal Antonelli est fils d'un receveur municipal. Il fit ses études au grand séminaire de Rome, mais ne reçut pas la prêtrise. Il est seulement cardinal-diacre.

Les capacités remarquables qui ont fait du cardinal Antonelli un véritable homme d'État le firent désigner sous Grégoire XVI pour remplir les fonctions d'abord d'assesseur au tribunal criminel supérieur, puis de délégué (préfet) à Orvieto, à Viterbe et à Macerata; enfin de sous-secrétaire d'État à l'intérieur.

En 1844, il fut nommé sous-trésorier, puis ministre des finances.

Pie IX en arrivant au pontificat éleva le ministre Antonelli au cardinalat et en fit un de ses conseillers les plus écoutés. Aussi on retrouve l'initiative du cardinal Antonelli dans toutes les réformes réalisées par le saint-père.

Lorsque le jour des épreuves fut arrivé, le dévouement du cardinal Antonelli ne fit pas défaut à Pie IX. Il l'accompagna dans son exil à Gaëte.

Depuis lors, devenu cardinal secrétaire d'État, il a été le bras droit de Pie IX et a dirigé la politique extérieure des États pontificaux. Personne ne conteste son intelligence. Son esprit est moins connu, et cependant, comme l'auguste pontife, il a souvent de spirituelles reparties. On parlait devant lui d'Edmond About, qui a écrit non point un livre d'histoire, mais un roman intitulé : *La Question romaine*.

— Ah! oui, About, répliqua le cardinal Antonelli, ce petit jeune homme qui s'est taillé une décoration dans ma soutane rouge.

CHAPITRE II

L'INVASION DES ÉTATS ROMAINS

Symptômes de la tentative révolutionnaire. — Le ministre de France en Italie appelle l'attention du gouvernement italien sur les manœuvres du parti d'action. — Extraits des documents diplomatiques. — Le congrès de Genève. — Le meeting garibaldien à Londres. — L'organisation des volontaires sur le territoire italien. — Les révélations des journaux. — Une proclamation de Garibaldi. — Lettre de Mgr Dupanloup à M. Ratazzi. — L'entrée des chemises rouges sur le territoire pontifical. — La note de la *Gazette officielle* de Florence. — Arrestation de Garibaldi à Asinalunga. — De Bologne, le chef des volontaires est conduit à Caprera.

On peut dire que le parti révolutionnaire en Italie n'a jamais cessé de menacer de son action agitatrice Rome et le territoire du saint-siége. En dépit des stipulations internationales, le gouvernement de Florence, tout en s'abstenant de formuler à haute voix ses ambitions et ses convoitises, dissimulait mal ses prétendues aspirations, et dans le courant de septembre 1867, il fut évident pour tout le monde que de nouvelles tentatives d'invasion contre le territoire du Pape s'organisaient dans la Péninsule.

Le cabinet italien a avoué plus tard, dans un document officiel, qu'il n'ignorait pas les manœuvres des agents garibaldiens. Dans toute l'Italie, les enrôlements des volontaires s'exécutaient ouvertement, en plein jour et en face des autorités qui laissaient faire lorsqu'elles n'encourageaient pas.

Le gouvernement français, qui n'avait pas les mêmes raisons que la cour de Florence pour fermer les yeux sur les préparatifs des ennemis de la papauté, adresse, dès le 19 février 1867, au baron de Malaret, notre ministre à Florence, une dépêche en ces termes :

« Il résulte, dit M. de Moustier, de renseignements qui me parviennent, que le travail des sociétés secrètes ne se poursuit pas moins activement sur les frontières de l'Ombrie, et que les agents de Mazzini font de ce côté une propagande assez étendue, en concentrant particulièrement leurs efforts sur la province de Viterbe et sur le duché de Castro.

« Dès le 19 janvier, j'appelais votre attention sur un dépôt d'armes qui aurait été formé à Terni. On travaillait à introduire clandestinement ces armes sur le territoire pontifical, et les émigrés romains qui se trouvaient en Lombardie auraient été invités à se rapprocher de Rome. Ces détails s'accordent tous pour témoigner de la persistance du parti mazzinien dans ses projets, et le gouvernement italien jugera sans doute qu'il lui importe de ne rien négliger pour déjouer ces manœuvres. »

M. le baron de Malaret communique ces renseignements à M. Ratazzi, qui s'efforce d'en atténuer la gravité et se confond en protestations de respect à l'égard de la convention du 15 septembre. Mais pendant ce temps, le parti garibaldien redouble ses efforts et prépare son entreprise révolutionnaire.

Le 23 avril, le ministre des affaires étrangères de France écrit au baron de Malaret :

« D'après les informations que je reçois, un nouveau convoi d'armes aurait été secrètement introduit à Viterbe, et Garibaldi se proposerait de prendre le commandement d'une expédition qui, organisée à Gênes, irait débarquer sur le littoral romain, tandis que plusieurs bandes, composées d'émigrés de l'État pontifical, se tiendraient prêtes à franchir simultanément la frontière méridionale à la première nouvelle d'un mouvement insurrectionnel à Rome. »

Et le président du cabinet de Florence continue à fermer les yeux pour ne pas voir les menées des ennemis du saint-siége. Il garantit à qui veut l'entendre que le territoire pontifical ne sera pas envahi par les chemises rouges. On sait ce qu'il advint.

Un fait significatif vint jeter un grand jour sur les visées du drapeau rouge et son œuvre d'hostilité contre le chef de la catholicité.

Sous le fallacieux prétexte d'organiser la Ligue de la paix, un congrès se réunit à Genève et l'on vit accourir dans la cité protestante les exaltés de tous les pays et surtout de la France. Garibaldi s'empressa de s'y rendre et fut proclamé président d'honneur du congrès.

Le chef des volontaires était venu là dans le but de poursuivre à l'abri du protestantisme genévois ses attaques contre le saint-siége. Aussi, dans son premier discours, l'agitateur italien lança l'insulte à la papauté catholique qu'il qualifia de *plaie pestilen-*

tielle, et de sa propre autorité révolutionnaire, il prononça la déchéance du saint-siége.

Les invectives contre la religion atteignirent un tel degré de violence que, au sein même de cette assemblée démagogique, il se trouva des voix indignées qui protestèrent contre l'athéisme du chef des chemises rouges.

Ce n'est pas tout, le parti conservateur de Genève, humilié de voir cette ville servir de théâtre au dévergondage de la démagogie cosmopolite, balaya le congrès, et Garibaldi se sauva en toute hâte pour échapper aux sifflets et aux huées de la foule.

La tentative révolutionnaire avait échoué honteusement; mais elle n'atteste pas moins les projets du mazzinisme. En quittant Genève, Garibaldi vint s'installer au centre de l'Italie, dans la villa d'un de ses amis, pour mettre la dernière main à l'organisation des volontaires.

Aussi, dès le 15 septembre, il ne fut guère possible de conserver la moindre illusion sur les projets de Garibaldi vis-à-vis de la ville sainte. Le chef révolutionnaire avait tout préparé pour envahir le territoire pontifical : « Les garibaldiens bouclent leur sac », écrivait-on de Florence à un journal de Paris.

Les révélations allaient même plus loin. La *Gazette de France* du 18 septembre, jour anniversaire du combat de Castelfidardo, disait que les renseignements parvenus à Paris donnaient la tentative de Garibaldi, non-seulement comme bien décidée, mais encore comme imminente.

La correspondance florentine du *Journal des Débats*, organe officieux du cabinet de Florence, allait plus loin et entrait dans les détails suivants, qui prouvent bien que si le gouvernement restait inactif, ce n'était pas ignorance des projets du chef des chemises rouges :

« S'il faut en croire des indices qui trompent rarement, Garibaldi serait à la veille d'entreprendre le mouvement, si longtemps annoncé, contre les États pontificaux. Il est attendu aujourd'hui même à Florence, et on croit que la tournée qu'il fait en ce moment n'a d'autre but que de réunir les volontaires et de leur donner le mot d'ordre.

« On dit qu'à Belgirate il a harangué la population, et qu'il a terminé son discours par ces mots significatifs : « Suivez-moi à la délivrance des Romains; « vous devez me suivre, je vous l'ordonne... »

« On remarque aussi quelque agitation dans les Romagnes.

« On assure qu'un certain nombre de jeunes gens ont reçu chacun un revolver et une somme de cinquante francs, et qu'ils ont l'ordre de se transporter dans les États pontificaux. Aussi l'émotion est-elle grande à Rome. On commence à être très-préoccupé.

« On se demande comment Garibaldi peut se procurer l'argent nécessaire à l'exécution de son projet. Le fait est qu'il en a. Il est impossible d'en douter. J'ai entendu des hommes graves, mais étrangers au gouvernement, affirmer que cet argent venait de Berlin. On dit que c'est par mer que Garibaldi entrera dans les États romains. Il a, comme marin, une tactique particulière; il sait échapper aux croisières à l'aide de manœuvres audacieuses, et il sait, au besoin, faire échouer son bateau sur la plage la plus dangereuse. »

Voilà ce qu'on répétait dans les couloirs des ministères de Florence, et le doute n'était plus possible. De nouvelles informations arrivaient chaque jour aux journaux de Paris. Le 19 septembre, on lisait dans *la Patrie :*

« Les lettres que nous recevons de Florence insistent plus vivement que jamais sur l'éventualité d'une tentative du parti garibaldien dans les États pontificaux. Les craintes éprouvées il y a un mois renaissent, et l'on croit généralement que Garibaldi n'est plus maître de régler l'action de ses adhérents. Pressé de tous côtés par les agents de recrutement qu'il a mis en campagne, Garibaldi ne peut sortir de cette position qu'en tentant l'aventure sur un point quelconque des frontières pontificales.

« Ce que l'opinion publique redoute donc, ce n'est pas une attaque sérieuse et pouvant entraîner de graves complications, mais un coup de tête sans résultats, susceptible malheureusement de réveiller en Italie toutes les passions excitées jadis par Aspromonte.

« L'un de nos correspondants compare la situation de Garibaldi à celle de Prim : tous deux entourés d'un groupe d'impatients, tous deux sans ressources et tous deux obligés de se tirer de cet embarras en risquant une insurrection dont ils prévoient l'insuccès.

« Ce sont précisément ces mauvaises chances que les amis de Garibaldi font valoir auprès de lui; mais

Garibaldi n'est plus à convaincre; il n'oppose à tous les conseils que les nécessités brutales de sa position vis-à-vis de ses recrues, dont il redoute les scènes de mutinerie. »

Le journal *le Monde* était plus explicite encore : « Déjà, disait-il à la date du 19 septembre, quelques centaines de garibaldiens ont pénétré dans la ville éternelle et se sont distribués dans les différents quartiers, à des endroits déterminés. On fera naître un tumulte qui sera le signal pour les autres garibaldiens qui se trouvent disséminés par groupes dans les environs de la ville, et qui se mettront en marche. Garibaldi lancera alors une proclamation aux troupes italiennes, etc., etc. »

Enfin, à cette même époque, le parti d'action termina ses délibérations sur Rome par un banquet qui eut lieu dans un des principaux hôtels de Florence.

Les fils de Garibaldi ne restaient pas inactifs, et l'un d'eux, le plus jeune, Ricciotti, s'était rendu en Angleterre pour trouver les moyens de soutenir l'invasion. On organisa un meeting, et dans de longs discours, les orateurs se déchaînèrent contre la papauté.

Enfin l'heure approchait.

Garibaldi quitta la villa de San-Fiorano pour se rapprocher de la frontière pontificale. Quelques jours auparavant l'agitateur avait lancé sous forme de lettre la proclamation suivante à la Junte nationale romaine :

A LA JUNTE NATIONALE ROMAINE

« Votre appel aux Italiens ne sera pas perdu. En Italie il y a beaucoup d'imbéciles, beaucoup de jésuites, beaucoup de gens habitués à sacrifier sur l'autel du ventre; mais, il est consolant de le dire, il y a aussi beaucoup de braves de San-Martino, beaucoup d'héroïques bersagliers du roi d'Italie, beaucoup de soldats de la première artillerie du monde, beaucoup de descendants des trois cents Fabius et une avant-garde des mille de Marsala, qui, si je ne me trompe, ont engendré cent mille jeunes hommes, qui ne craignent aujourd'hui qu'une chose, c'est d'être nombreux à partager la mémorable gloire de chasser d'Italie les mercenaires italiens, les nécromanciens.

« Quant aux ressources, l'Italie a toujours eu le malheur d'être riche quand il s'agissait d'entretenir des armées étrangères; parmi ces riches citoyens, il ne manque pas de patriotes qui bientôt vous prodigueront, je n'en doute pas, leurs magnifiques offrandes. En avant donc, Romains! brisez les anneaux de vos fers sur la nuque de vos oppresseurs, et dorénavant ce seront des Italiens qui partageront votre gloire.

« Tout à vous.

« G. Garibaldi. »

« Genestrelle, 16 septembre. »

Et le gouvernement de Florence continuait d'être volontairement sourd, comme il était volontairement aveugle.

Aussi, ne pouvant maîtriser ses alarmes, l'éloquent évêque d'Orléans adressa à M. Ratazzi, président du conseil des ministres du cabinet italien une longue et remarquable lettre dans laquelle il mettait à jour la faiblesse ou la complicité du gouvernement italien.

C'est alors que, ne pouvant plus lutter contre l'évidence, le cabinet italien fit publier dans *la Gazette officielle* la déclaration suivante, à laquelle sa conduite postérieure devait donner un si flagrant démenti. Reproduisons ce document; il appartient à l'histoire de l'invasion des États pontificaux. Le Moniteur italien s'exprimait ainsi :

« Le ministère a suivi jusqu'à présent avec attention la grande agitation qui, sous les auspices du nom glorieux de Rome, tentait de pousser le pays à violer les stipulations internationales consacrées par le vote du parlement et par l'honneur de la nation.

« Le ministère voyait avec peine les préjudices que de telles excitations portaient à la tranquillité de l'État, à notre crédit et aux opérations financières d'où dépendent le bien-être et la fortune du pays.

« Il a respecté jusqu'à présent les droits de tous les citoyens. Mais, maintenant qu'au mépris de ces droits, on veut traduire les menaces en faits, le ministère sent qu'il est de son devoir de ramener la confiance publique et de sauvegarder la souveraineté de la loi. Fidèle aux déclarations qu'il a faites au parlement, et que le parlement a acceptées, il accomplira ce devoir jusqu'au bout.

« Dans un État libre, aucun citoyen ne peut se placer au-dessus de la loi, se mettre lui-même aux lieu et place des grands pouvoirs de la nation, détourner arbitrairement l'Italie de son œuvre ardue de réorganisation, ni l'entraîner dans les plus graves complications.

« Le ministère a confiance dans la sagesse et le prtriotisme des Italiens. Mais si quelqu'un essayait de manquer à la loyauté des stipulations et de violer cette frontière dont doit nous éloigner l'honneur de notre parole engagée, le ministère ne le permettrait en aucune façon, et il laisserait aux contrevenants la responsabilité des actes qu'ils auraient provoqués. »

Peu sensible à cette menace du ministre qui avait présidé à l'affaire d'Aspromonte, Garibaldi quitta Florence le 22 pour se rendre à Arezzo. Là il prononça un discours dans lequel il faisait un appel aux armes pour envahir le territoire de l'Église. D'Arezzo le chef des volontaires devait se diriger sur Cortone, puis sur Pérouse.

Mais un incident vint troubler le plan du chef révolutionnaire.

Lorsqu'on va en chemin de fer d'Arezzo à Sienne, la première station est Asinalunga, petit bourg jusque-là peu connu. Le 23, dans le train qui stationnait quelques minutes à Asinalunga se trouvait un homme déjà âgé, grisonnant, portant une longue barbe blonde et vêtu du costume garibaldien. Quatre personnes, de tournure militaire, accompagnaient le vieux garibaldien.

Un capitaine de gendarmerie et un inspecteur de police s'avancent et, s'adressant à l'homme à la barbe blonde :

— Général, nous avons ordre de vous sommer de retourner en arrière.

— De quel droit?

— Nous n'avons point d'explication à donner.

— Je vais où bon me semble, dans la condition de tous les citoyens : je refuse d'obéir à vos injonctions.

— Alors vous êtes arrêté.

Les quelques personnes de l'entourage essayèrent de résister, mais la station était gardée par un poste de bersagliers.

Il fallut obéir.

Aussitôt le télégraphe annonça que Garibaldi venait d'être arrêté à Asinalunga au moment où il se disposait à envahir le territoire pontifical, et qu'il avait été conduit dans la forteresse d'Alexandrie (1).

En même temps le gouvernement italien faisait publier dans *la Gazette officielle* la note suivante, à laquelle on n'aurait eu rien à redire si elle avait été sincère :

« L'agitation par laquelle on voulait pousser le pays à violer les stipulations internationales, loin de se calmer, était devenue plus vive, plus audacieuse.

(1) La place d'Alexandrie, où fut conduit le grand agitateur italien, est située en Piémont, entre le confluent de la Bormida et du Tanaro. Œuvre de la ligue lombarde, au douzième siècle, elle fut construite en limon et paille, et reçut son nom d'un pape du parti Guelfe, Alexandre II. Par moquerie, les Gibelins la qualifièrent d'Alexandrie de la Paille (*Alessandria della Paglia*).

Malgré cette dénomination, cette place, avec sa forteresse sur la rive gauche du Tanaro et ses immenses ouvrages avancés, est une des plus fortes de l'Italie. C'est, du reste, une ville assez triste. Victor-Emmanuel y possède un palais, le Palazzo Ghilino, bâti par Alfieri.

Après une déclaration franche et décidée, le ministère a résolu d'accomplir son devoir et de maintenir la parole donnée.

« Le ministère a dû se convaincre que, dans ces derniers jours, un grand nombre de volontaires étaient acheminés vers les frontières.

« Des dépôts d'armes étaient faits, d'autres accompagnaient ou suivaient Garibaldi qui, de Florence à Arezzo, se dirigeait vers les mêmes frontières par Asinalunga.

« Le but de ce mouvement était désormais trop évident. L'action était vraiment commencée; donc surgissait pour le gouvernement la nécessité ou de permettre que les traités fussent rompus, contre la foi publique, l'autorité de la loi, les intérêts de la nation, ou de maintenir sa parole et de conserver inviolée à tout prix la majesté de la loi. Le ministère a fait son devoir.

« Les volontaires qui s'acheminaient ou étaient déjà aux frontières ont reçu l'avis de retourner chez eux; ceux qui ne consentiront pas y seront reconduits. Le général Garibaldi, arrivé à Asinalunga, a été sommé, au nom de la loi, de rétrograder. Ayant refusé, il a été conduit à Alexandrie. Les dépôts d'armes ont été saisis.

« Le ministère a accompli un devoir douloureux, mais s'il avait plus longtemps temporisé, on pouvait prévoir des conséquences beaucoup plus déplorables. La sagesse des Italiens, si elle n'a pas diminué la douleur de cette démarche, l'a rendue moins difficile.

« Le ministère compte que, par cette même prudence, doivent disparaître bientôt les traces d'une agitation contre laquelle il poursuivra avec confiance sa tâche, pour la dignité de la parole italienne et pour l'avantage de la nation. »

Nous verrons plus tard le cabinet de Florence fouler aux pieds les beaux sentiments étalés dans ce document et dans bien d'autres. M. Ratazzi lui-même en quittant le ministère rendra la liberté au lion de Caprera. Voilà la dignité de la parole italienne!

Le cabinet de Florence avait fait arrêter le chef des bandes révolutionnaires; mais sauf quelques autres arrestations insignifiantes et en dépit de ses protestations de respect à l'égard de la convention du 15 septembre, les volontaires garibaldiens passaient librement la frontière et se concentraient sur plusieurs points du territoire pontifical.

De la forteresse d'Alexandrie l'agitateur lançait des proclamations que les feuilles italiennes s'empressaient de publier. On y trouvait des excitations comme celles-ci : « Les Romains ont le droit des esclaves, le droit de s'insurger. Les Italiens ont le droit de les aider, et j'espère qu'ils le feront. En avant donc, le monde entier regarde. »

D'un autre côté, à la nouvelle de la capture opérée à Asinalunga, les plus chauds partisans du chef des guérillas essayèrent dans les principales villes d'Italie de provoquer des soulèvements. Tout se réduisit à quelques démonstrations bruyantes, à quelques promenades tumultueuses dans les rues, variées çà et là par des coups de pierre et des coups de stylet. Comme tout le monde désire avoir des armes, aussitôt que l'ordre est troublé, la première pensée de la foule est d'aller dévaliser les armuriers. C'est l'usage traditionnel. A Florence, les vengeurs de Garibaldi se donnèrent le plaisir de casser les vitres du palais Guadagni, habité par M. Ratazzi.

Du reste, le prisonnier d'Alexandrie n'avait pas à se plaindre des rigueurs du gouvernement. Sur sa demande, il lui fut permis de quitter la forteresse et de se rendre à Caprera.

Garibaldi partit pour Gênes sans être surveillé par aucune escorte. Il était accompagné de deux de ses amis.

Arrivé à Gênes, il causa avec ses partisans, puis il prit place dans une voiture avec le général Incisa, son gendre Canzio et le général Fabrizi, qui étaient venus à son avance. Des fanatiques voulaient dételer les chevaux et le porter en triomphe. Le chef des chemises rouges s'y opposa et déclara qu'il était parfaitement libre et qu'il se rendait à Caprera sans condition d'aucune sorte. Il harangua la multitude à diverses reprises, tantôt en italien, tantôt en dialecte génois, recommandant au peuple de ne pas oublier Rome, de continuer vivement l'œuvre commune, de courir à la rescousse des frères de Rome, et qu'en fin de compte on le trouverait lui, Garibaldi, à son poste et qu'on irait à Rome en dépit de tout obstacle.

Salué par les officiers de la marine et par la troupe, *qui lui a présenté les armes*, Garibaldi s'embarqua sur l'*Esploratore*, qui prit la route de Caprera, laissant le major Canzio et ses autres officiers à Gênes.

Pendant ce temps son fils Menotti, caché à Rome, ourdissait son œuvre ténébreuse.

CHAPITRE III

LES EXPLOITS DE L'ARMÉE PONTIFICALE

L'empressement des volontaires catholiques à courir au secours de la papauté. — Composition de l'armée pontificale. — Portraits du général Kanzler, pro-ministre des armes et commandant en chef de l'armée du pape, du colonel d'Argy, du colonel Allet, des frères Charette, de M. de Bourbon-Chalus et de M. Christien. — Première apparition des bandes garibaldiennes sur le territoire pontifical. — Les pontificaux victorieux dans toutes les rencontres. — La complicité de l'Italie. — Le mouvement envahisseur s'accroît. — Une proclamation révolutionnaire. — Le combat de Subiaco. — La circulaire du cardinal Antonelli. — La victoire de Nerola. — Les premiers symptômes de l'intervention. — De quelle manière le cabinet de Florence tenait ses engagements. — Nouvelles révélations accablantes pour le cabinet italien. — Dépêches et documents secrets. — Réflexions du *Constitutionnel.*

Au premier bruit des nouveaux périls qui menaçaient une fois encore le chef vénéré de l'Eglise, le monde catholique s'émeut, et de tous les points de l'Europe, surtout de diverses provinces de la France, on vit accourir à Rome de courageux volontaires.

Les jeunes gens des plus nobles familles, comme les fils de la bourgeoisie et du peuple s'arrachèrent à leurs foyers, et quelques-uns à la plus brillante existence pour aller concourir à cette nouvelle croisade contre les ennemis du catholicisme.

L'enthousiasme fut général et bientôt l'armée du

saint-père fut organisée de manière à repousser avec succès les premiers efforts de l'invasion garibaldienne.

Arrêtons un instant nos regards sur la composition de cette héroïque légion, dont les exploits devaient s'imposer à l'admiration du monde entier :

Commandant en chef : général Kanzler, ministre de la guerre ;

Général commandant la 1re division : le comte Curten ;

Général commandant la 2e division : le marquis Zappi ;

Troupes indigènes : un régiment d'infanterie à 3 bataillons de 8 compagnies chacun ; colonel : Azzanesi ;

Un bataillon de chasseur à 10 compagnies ; lieutenant-colonel : Georgi ;

Un régiment de dragons ; colonel : marquis Zappi (frère du général) ;

Légion de gendarmerie à pied et à cheval (2,000 hommes) ; colonel : Evangelisti ;

Artillerie : 3 batteries de campagne, 1 batterie de montagne ; colonel : comte Caimi ;

Génie indigène : lieutenant colonel : Lana ;

Service des équipages et ambulances : un bataillon de vétérans sédentaires, troupes étrangères ;

Zouaves : 14 compagnies de 160 hommes chacune ; colonel : Allet ;

Bataillon étranger à 10 compagnies ; colonel : Jeanneret ;

Légion d'Antibes, colonel : comte d'Argy ;

(La légion d'Antibes présente un effectif de 1,208 hommes.)

Comme on vient de le voir, c'est le brave général Kanzler qui a le commandement en chef de cette vaillante armée.

Equissons, d'après le travail d'un écrivain catholique qui signe *Don Carlo*, le portrait de cet illustre chef et des principaux officiers de l'armée des défenseurs du saint-siége :

LE GÉNÉRAL KANZLER

C'est le prominìstre des armes. Le général Kanzler est Suisse, et n'a pas encore atteint la cinquantaine. Il ne paie pas de mine, surtout quand il est vêtu en pékin. On le savait brave; à Ancône, commandant les forts extérieurs et plusieurs redoutes importantes, il avait donné des preuves de la plus brillante valeur. C'est lui qui, lorsque Lamoricière exprima l'avis de continuer la défense, dans un conseil d'officiers réunis dans une casemate labourée par les bombes, répondit, au nom de tous, que le général en chef pouvait compter sur eux à la vie et à la mort.

Il eut l'honneur de repousser les dernières attaques tentées par l'ennemi, lorsque le drapeau parlementaire flottait déjà depuis plusieurs heures sur les bastions, et il fut admirablement secondé par le capitaine de Castella, aujourd'hui chef de bataillon.

Quand le général Kanzler fut élevé au poste qu'il occupe actuellement, on affecta de dire qu'il serait l'homme de paille du cardinal Antonelli. Il a fait taire les envieux et il montre aujourd'hui une activité et un sang-froid rares. Il est marié à une Romaine douée d'une âme virile et qui saurait manier un révolver ; pour le quart d'heure, madame Kanzler s'est dévouée à soigner les blessés avec une Anglaise d'un grand cœur, madame Stone.

Le proministre des armes a pour secrétaire M. le vicomte Charles de Saint-Priest.

LE COLONEL D'ARGY

Il appartient à une bonne famille de l'Orléanais. Beau-frère du lieutenant général comte d'Aragon ; le vrai colonel français. Haut de taille, prestance militaire, belle figure. Vit paternellement avec les officiers de la légion d'Antibes ; aime à répéter les paroles qu'il a entendues de la bouche de l'Empereur au moment où il accepta sa mission. Plein de confiance, fait peu de politique.

LE COLONEL ALLET

D'une famille suisse qui a donné bien du sang à la France et qui a fourni un lieutenant général à notre armée. Grand, gros, ventre arrondi, figure à la fois martiale et débonnaire, parole lente et calme. Je ne sais quel corps il commandait à Castelfidardo ; mais M. de Becdelièvre raconte qu'il se trouva un moment presque seul à cheval sur un point du champ de combat, entouré de quelques officiers ; ses soldats s'étaient éclipsés. Est-ce bien vrai ?

M. Allet est aujourd'hui à la tête d'un des plus beaux corps d'élite que puisse présenter une armée, celui des zouaves. Il les traite en gentilshommes qu'ils sont ; hors de la caserne, où la discipline est justement maintenue, on n'entretient plus que des rapports de courtoisie et d'aménité.

LES CHARETTE

Des six petits-neveux du général vendéen, cinq sont à Rome; ce sont MM. Athanase, Ferdinand, Alain, Urbain et Armand. Le sixième, Louis de Charette, qui a porté aussi le harnais pontifical, est marié à mademoiselle de Goyon-Matignon; il est demeuré en Bretagne pour perpétuer le nom, si ses frères sont fauchés.

Le baron Athanase de Charette, lieutenant-colonel du régiment des zouaves, a environ 35 ans. De taille au-dessus de la moyenne, très-blond, le visage frais et coloré, l'air franc, tant soit peu fier, mais affable. Il est superbe à cheval. Du courage d'un Charette, on ne parle pas. Comme les guerriers antiques, il avait ouvert la mêlée par un combat singulier entre les deux fronts d'armées, combat dans lequel il appliqua un magnifique coup de sabre à un officier piémontais qu'il reconnut alors pour un de ses camarades de l'École militaire de Turin. Il a servi chez le duc de Modène avant 1859.

Marié à mademoiselle de Fitz-James, il est demeuré veuf avec deux enfants. Vrai grand seigneur, bien que les Charette fussent, avant notre révolution, de simples petits gentilshommes, il tient table ouverte chez lui; seulement, il lui arrive parfois, dit-on, d'oublier les invitations qu'il a faites le matin ou la veille.

Il ne thésaurisera pas, quelles que soient les positions où puisse le conduire la fortune. M. le comte de Chambord l'appela un jour « son meilleur ami ». Ah! si le pape avait beaucoup de soldats de cette trempe!

Ferdinand Charette, vigoureux Breton, bronzé, fortement charpenté, était officier dans un des bataillons étrangers du roi de Naples. Pendant le siége de Gaëte, il passa dans l'artillerie comme lieutenant: il desservait une des batteries des plus avancées. Je n'ai jamais, dans ma vie, fait couler qu'une goutte de sang, et c'est une goutte du sien, en jouant avec lui, sabres dégaînés, comme deux grands enfants que nous étions. Jovial compagnon.

En entrant dans les zouaves, il a déclaré qu'il n'accepterait aucun grade, pas même celui de caporal.

Alain de Charette, capitaine aux zouaves, a épousé dernièrement mademoiselle de Bourbon-Busset; il a échancré sa lune de miel pour retourner plus vite à son poste.

Urbain de Charette a passé, comme Ferdinand, une grande partie de son adolescence chez S. A. R. madame la duchesse de Berry; il a servi ensuite chez le duc de Modène et chez le roi de Naples.

Aide-de-camp, pendant le siége de Gaëte, du général Ried-Matten, commandant supérieur du front de terre.

Armand de Charette n'a jamais été militaire; il s'est engagé dernièrement lorsque les événements se sont aggravés. Héritier de la duchesse de Narbonne, il doit avoir 250,000 ou 300,000 fr. de rente; c'est un de ces *mercenaires* qui ne voudraient pas de tel général piémontais pour cirer ses bottes. C'est, du reste, le seul de cette famille qui ait de la fortune.

M. DE BOURBON-CHALUS

M. de Bourbon-Chalus commandait les guides de Lamoricière ; il est maintenant attaché à l'état-major. C'est un rude poignet ; je plains le garibaldien qui passera à sa portée. C'est à lui que le général Brignone disait, le soir de Castelfidardo : « Vraiment, messieurs, à lire vos noms, on croirait une liste d'invités aux fêtes de Louis XIV. » C'étaient là ceux que M. Cialdini, l'ancien gendarme à la solde des christinos, appelait élégamment « un ramassis d'ivrognes étrangers. »

L'aîné des fils de M. de Bourbon-Chalus, étant encore au collége de Vaugirard, sollicitait depuis longtemps déjà de son père la permission de s'enrôler parmi les zouaves ; cette permission lui a enfin été accordée comme une récompense lorsqu'il a eu passé ses examens et obtenu son grade de bachelier.

M. de Bourbon-Busset, frère de M. de Bourbon-Chalus, cherchait, il y a peu de jours, à réunir un millier de volontaires français pour les conduire à Rome.

M. DE CHRISTEN

Agé d'une trentaine d'années, il a déjà conquis la renommée. Chef de bandes royalistes dans les Abruzzes, condamné aux galères par les incorruptibles magistrats du royaume d'Italie, objet des sympathies de toute la presse française, grâcié enfin sur la demande de notre diplomatie, le comte Théodule de

Christen reparaît sur la scène quand Pie IX appelle des défenseurs.

Figure douce et rêveuse; petites moustaches blondes, chevelure soignée, taille mince et assez élevée; tournure de flâneur. Je l'abordai un jour de février 1861, dans les rues de Rome. Il m'a dit qu'il allait faire une apparition dans les Abruzzes, où se trouvait encore sa colonne, forte de 500 hommes. Deux jours après, je le rencontre encore cheminant dans le Corso, les mains dans ses poches :

— « Eh bien ! Christen, lui dis-je, vous n'êtes donc pas reparti ?

— « Je suis revenu, me répondit-il, et je rapporte un petit souvenir de mon excursion. »

Alors il me montra un léger paquet qu'il portait sous le bras; c'était un joli guidon enlevé aux Piémontais. Sa plus brillante affaire dans les Abruzzes fut celle de Bauco; sans canons, il repoussa plusieurs assauts de la division de Sonnaz, eut son sabre brisé par un boulet, prit plus de fusils aux Piémontais qu'il n'avait lui-même de soldats et capitula non-seulement avec tous les honneurs de la guerre, mais en emportant les armes conquises.

M. de Christen appartient à une excellente famille de la Franche-Comté; il fut orphelin de bonne heure. Il a fait la campagne de Crimée comme sous-officier. Il allait prendre, l'an dernier, le commandement d'un corps de volontaires reconnu par l'Autriche, pour aller voir de près ses bons amis les Italiens, quand la paix fut signée à l'improviste. L'invasion du territoire romain lui permettra peut-être de régler cette vieille dette.

Son grade de colonel ne l'a pas empêché de s'offrir comme simple volontaire, il y a deux ou trois semaines; on lui a confié la direction d'une patrouille nocturne, composée exclusivement de princes romains et de gentilshommes français, et une des portes de Rome les plus exposées. Celle-là sera bien gardée. » (*Don Carlo.*)

Dans les premiers jours du mois d'octobre, les bandes garibaldiennes firent leur apparition dans la province de Viterbe. On les vit se montrer à San-Stefano, à Acquapendente, où 80 insurgés cernèrent une caserne où se trouvaient réunis 40 gendarmes pontificaux, à Soriano et sur quelques autres points, où elles tentèrent de susciter des désordres. Mais les agitateurs furent promptement battus et dispersés par les troupes pontificales, dont la tâche fut facilitée par l'attitude de la population. Acquapendente, occupée quelque temps par les révolutionnaires, fut reprise par l'armée du saint-siége.

Cependant les instigateurs du mouvement envahisseur ne restaient pas dans l'inaction, et pendant que Garibaldi père cherchait à s'échapper de Caprera, pendant que Menotti Garibaldi organisait les bandes de chemises rouges, Ricciotti Garibaldi se rendait, comme nous l'avons déjà dit, à Londres, pour solliciter des subsides.

Donc, le 2 octobre, les fidèles du chef révolutionnaire réunirent un meeting à Saint-James Hall. La mise en scène était parfaite. Au premier plan sur l'estrade, on pouvait contempler le jeune Ricciotti, et sur la tête du président, attention délicate! le drapeau avec lequel Garibaldi avait *fait la conquête* de la Sicile et du royaume de Naples. Il n'y a que les

Italiens pour comprendre l'art de la décoration théâtrale!

Naturellement l'éloquence britannique coula à flots dans cette réunion et le protestantisme anglais semblait regretter beaucoup que le chef des chemises rouges n'eût point encore renversé le pouvoir pontifical et envahi le siége de la religion catholique.

La grande *attraction* du meeting était dans l'allocution du jeune Garibaldi. L'orateur ne trompa point la curiosité publique, et entre autres aménités débita celle-ci : « Nous n'avons pas été heureux dans le choix de notre roi. Mon père croyait en lui en 1860. Il l'appelait le roi galant homme. J'ignore l'idée de mon père, mais je connais celle de tous les Italiens, et c'est celle-ci, que mon père s'est alors *mépris.* »

Voilà qui est flatteur pour Victor-Emmanuel!

Quoi qu'il en soit, Ricciotti Garibaldi ne revint pas de Londres les mains vides, et à partir de ce moment nous allons voir l'œuvre d'agression s'étendre et se fortifier.

« Le 6 octobre, lisons-nous dans le *Journal de Rome*, la troupe qui s'était portée dans la direction de Bagnorea a fait une reconnaissance dans le voisinage de la ville.

« Elle a rencontré une force numériquement supérieure de garibaldiens, et après un combat dans lequel 15 des garibaldiens ont été tués, la troupe pontificale s'est repliée en bon ordre sur Montefiascone, attendant des renforts pour retourner à l'attaque.

« Deux autres combats ont eu lieu le 5, savoir : à Ischia, où les garibaldiens ont été mis en fuite par la troupe qui y était accourue, et ensuite à Volontana, où un détachement de gendarmes et de zouaves a soutenu deux heures de feu contre 150 garibaldiens qui ont été repoussés.

« De la Fara (province italienne de Rieti), une nouvelle bande a passé la frontière, sous les ordres d'un certain Barnabé, chef de la garde nationale de cette localité. Elle était armée avec les fusils de la garde nationale elle-même. Cette bande a occupé d'abord Nérola et ensuite Moriana où elle a rencontré l'armée pontificale. Celle-ci l'a forcée de reculer, enlevant 2 garibaldiens et une grosse charge de munitions. »

Mais pendant que les vaillants défenseurs de Sa Sainteté se multipliaient pour faire face aux agresseurs, les bandes envahissantes accouraient de tous les points du territoire italien. La surveillance de l'armée royale était une comédie qui ne pouvait tromper personne. Les chemises rouges fraternisaient avec les soldats de l'armée régulière.

Bientôt le mouvement garibaldien se crut assez fort pour opérer avec ensemble. Menotti Garibaldi pénétra dans la province de Viterbe sous un déguisement religieux, et prit le commandement d'une colonne de 600 hommes. Le colonel Acerbi se mit à la tête d'un autre corps. Une troisième colonne marchait sous les ordres du major Salomon, en attendant le corps commandé par le député Nicotera.

Enfin, de Florence, le comité de propagande révolutionnaire lança la proclamation suivante :

« Aux Italiens !

« Nos frères versent leur sang au nom sacré de l'Italie et de Rome. Ce sang impose aux Italiens des devoirs.

« Interprétant la conscience nationale et secondant l'invitation du général Garibaldi, les soussignés annoncent qu'ils se sont constitués en comité central de secours.

« Vive l'Italie ! Vive Rome !

« Signé : G. Pallavicino, F. Crispi, B. Cairoli, L. La Porta, O. Oliva, F. de Boni, L. Miceli. »

La *Gazette officielle* s'abstint, il est vrai, de reproduire cet appel à l'insurrection, mais les feuilles officieuses et ministérielles de Florence n'eurent garde de négliger une pareille proclamation.

On pense bien que l'attitude du cabinet de Florence, ouvertement favorable au soulèvement, encourageait l'audace des envahisseurs. Le *Journal de Rome* du 11 annonçait que les bandes garibaldiennes ne cessaient de s'augmenter, et qu'elles recevaient à chaque instant des renforts d'hommes et de munitions. Les chemises rouges se concentraient à Torre-Alfina, à Monte Alfino et à Pecrone, et bientôt envahissaient Nerola. De nouvelles colonnes révolutionnaires parcouraient la province de Frosinone. Enfin, une affaire assez sérieuse avait lieu à Subiaco dans les conditions suivantes : pendant que la garnison de cette ville opérait une reconnaissance dans les environs, 30 volontaires italiens, descendus des montagnes, s'emparèrent de la place. Les gendarmes se retirèrent dans le château. Mais dans la soirée, les Pontificaux reprirent Subiaco, faisant aux garibaldiens 15 prisonniers et leur tuant 3 hommes, parmi lesquels se trouvait le chef de la bande, un Milanais. Les troupes du pape n'eurent que 2 blessés.

Il était, on le voit, impossible au gouvernement italien de se montrer plus oublieux de ses engagements. Aussi le saint-siége ne crut-il pas devoir ajourner plus longtemps une protestation diplomatique. La circulaire du cardinal Antonelli dénonçait à l'Europe les faits suivants :

« 1° Pendant que toutes les provinces de l'État jouissaient de la plus grande paix et tranquillité, de la frontière des pays occupés par le gouvernement de Florence il est entré des bandes d'hommes armés pour provoquer des désordres, la révolte contre le gouvernement légitime, et pour y commettre des actes de brigandage criminel ;

« 2° Les habitants des territoires envahis brusquement par ces bandes, au lieu de répondre aux provocations et adhérer à la révolte importée, sont demeurés fidèles au saint-père, manifestant toute leur horreur pour tout acte de félonie ;

« 3° Les bandes se sont formées dans la Toscane et dans les provinces arrachées au saint-siége ; elles se sont composées de jeunes gens natifs de ces localités et d'autres encore n'appartenant pas à l'État actuel du saint-siége, et cela en plein jour, sous les yeux des autorités gouvernementales italiennes qui ont délivré la feuille de route, encore bien qu'il fût notoire que ces voyageurs partaient pour envahir le territoire pontifical;

« 4° Les troupes italiennes ont laissé libre le passage à beaucoup de ces bandes qui, de divers points de la frontière toscane et d'Orvieto, ont envahi, en armes, le territoire pontifical;

« 5° Ces troupes ont accueilli les bandes des envahisseurs, lorsque, battues et dispersées par les troupes pontificales, elles ont repassé la frontière. »

Ceci posé, le gouvernement pontifical se proclame victime d'un nouvel attentat de la part du gouvernement de Florence qui, nonobstant la convention du 15 septembre 1864, a laissé envahir le territoire qu'il s'était solennellement engagé à sauvegarder.

Que répondre à un ensemble de faits accablants? Le cabinet de Florence ne l'essaya même pas, et la presse italienne garda le silence sur ce document que l'histoire saura bien mettre en lumière.

En revanche, les journaux de Florence étaient pleins de proclamations du chef des chemises rouges. C'était toujours la même faconde révolutionnaire. En voici un échantillon :

« Caprera, 7 octobre 1867.

« Aux Italiens,

« On combat sur la terre romaine! Là il y a des hommes pour lesquels je donnerais mille vies.

« Ne prêtez pas l'oreille aux propos de lâches hésitations. Remuez-vous.

« Demain, l'Italie sera applaudie par le monde

entier, absorbé par la contemplation de votre héroïsme.

« G. GARIBALDI. »

Ce n'est pas tout : les feuilles de Florence, travestissant indignement la vérité, tranformaient en victoires les échecs des garibaldiens. Dans son numéro du 15, le *Moniteur* français rétablissait en ces termes le véritable état des choses :

« Les journaux italiens ont publié la nouvelle d'un grand échec qu'auraient éprouvé les troupes pontificales devant Nerola. Voici la vérité :

« Le 13, dans un élan téméraire, 90 soldats romains ont marché à la baïonnette, et, passant sur le corps de 300 garibaldiens qui barraient la route de Monte-Libieti, ont réoccupé cette ville. Toutefois les envahisseurs, ayant reçu des renforts considérables de la frontière voisine, probablement mal gardée, ont fait un retour offensif au nombre de 800. Devant des forces aussi supérieures, le détachement pontifical a opéré sa retraite en bon ordre, ayant eu dans cette journée 10 blessés, qui ont pu être ramenés avec 15 prisonniers garibaldiens. Les pertes de l'ennemi paraissent avoir été considérables, et l'on affirmait à Florence que Menotti Garibaldi y aurait été grièvement blessé. Ce qui est certain, c'est que les envahisseurs ont cru plus prudent d'évacuer de nouveau Monte-Libieti et même Polvatera, et les Romains ont repris possession de ces localités. »

En mentionnant ces faits, le *Moniteur* se servit

d'une expression qui fut très-remarquée; car, parlant de la frontière italienne, il la désigna sous le nom de *frontière probablement mal gardée.*

C'était là un symptôme des sentiments qui se faisaient jour dans les conseils de la couronne. On sentait qu'une résolution grave se préparait, et que la France ne laisserait pas plus longtemps l'Italie violer les engagements de la convention. Le mécontentement du cabinet des Tuileries se traduisit plus nettement encore dans la note suivante publiée par le *Moniteur* du 16 octobre :

« L'exactitude des informations que le *Moniteur* a données hier est de nouveau confirmée par les détails qui arrivent d'Italie. Il est constant cependant que des bandes nouvelles ne cessent de traverser la frontière. *Beaucoup de leurs officiers sont en uniforme. Le train parti de Florence a amené* 400 *garibaldiens, celui du* 15, *parti de la même capitale, en a amené* 800. Ils paraissent s'être concentrés au nombre de près de 3,000 entre Monte-Libieti, Monte-Rio-Romano, Nerola et Moricone. Bagnorea a été menacée de pillage par les bandes.

« Le 15, à Vallecorsa, sur la frontière méridionale, une colonne de squadriglieri (paysans volontaires) avec quelques gendarmes a tenu en échec 200 garibaldiens et a laissé le temps à une colonne romaine d'arriver. Les garibaldiens ont eu 10 tués, dont le chef et 3 officiers, et quelques blessés. On leur a pris 46 prisonniers et beaucoup d'armes et de munitions. Dans les provinces de Viterbe et dans celle de Frosinone, plusieurs villes demandent des armes pour aider les gendarmes à repousser les bandes. Dans toute l'étendue des États pontificaux, la population non-seulement demeure calme, mais se prononce de plus en plus contre les envahisseurs. »

Était-ce clair, et la connivence déloyale du cabinet de Florence ne se montrait-elle pas dans sa nudité? Mais veut-on de nouvelles preuves de la mauvaise foi insigne de l'Italie? Les témoignages abondent et sont accablants. Écoutons un correspondant du journal *la Presse*, qui écrivait alors à ce journal : « Un comité spécial est chargé à Florence du transport des garibaldiens à destination du territoire romain. Ce comité distribue gratuitement des billets de chemin de fer pour la frontière romaine. Les garibaldiens remettent à leur tour ces billets à la gare au moment du départ, qui s'accomplit ouvertement, en plein jour, et par bandes de 50 à 100 volontaires. La population acclame les voyageurs, et les gendarmes italiens assistent, les bras croisés, à cette scène chaque jour renouvelée. Au moment où il quitte le train, près de la frontière, chaque volontaire reçoit une certaine somme pour son entrée en campagne. Cette organisation fonctionne avec une régularité en quelque sorte officielle. »

Mais ces renseignements, si positifs qu'ils soient, n'ont point un caractère officiel, et aujourd'hui, après la publication des nouveaux documents supplémentaires, publiés par le cabinet de Menabrea en réponse aux attaques de M. Ratazzi, l'histoire peut établir par des preuves indéniables la complicité du gouvernement italien. Parcourons ce curieux dossier, dont nous publierons la plus grande partie aux pièces justificatives, à la fin du volume.

Nous trouvons d'abord une dépêche du secrétaire général de l'intérieur, enjoignant au préfet d'Ancône de mettre six mille francs à la disposition du major Ghirelli qui s'occupe de *déconcerter* les mouvements dans les États pontificaux.

Mais ce n'est là qu'une induction; voici qui est plus clair.

Le questeur de Gênes, à la date du 10 octobre, donne avis au ministre de l'intérieur que le capitaine Fontana demande d'envoyer à la frontière 300 carabines qu'il avait disponibles et désire en outre la restitution de 100 fusils *récemment séquestrés* par le chef de la police de Gênes. Le secrétaire général de l'intérieur répond : « Laissez aller les 300 fusils; restituez les cent autres; mais usez de la plus grande adresse et du plus grand secret. »

On le voit, d'abord on séquestre les armes envoyées aux volontaires de Garibaldi; mais on les leur restitue au moment décisif et on leur en envoie trois fois plus.

Dans une autre dépêche assez obscure adressée *pour le ministre* au questeur de Naples, le 12 octobre, on recommande de *sauver les apparences* avec un grand soin.

Trois jours plus tard, les ordres deviennent encore plus expressifs. Le 15 octobre, le directeur de la sûreté publique de Florence télégraphie au questeur de Gênes « d'accorder à l'instant le transport gratuit sur les chemins de fer, pour la destination qui sera indiquée, aux individus qui seront désignés par l'avocat Henri Brusco et par le capitaine Fontana. » On a vu plus haut que ce même capitaine avait demandé et reçu 400 fusils.

Enfin, le 16 octobre, le commandant maritime de la Spezzia reçut une dépêche en chiffres du ministre de la marine Pescetto conçue en ces termes : « Ce soir, huit heures, trouvez-vous arrivée convoi. Arrivera envoyé ministère. » Le commandant s'y rendit et raconte lui-même en ces termes ce qui eut lieu :

« Je me portai à la station du chemin de fer pour y attendre l'arrivée du convoi de Florence. Arrivé vers les sept heures et demie, j'en vis sortir le capitaine de frégate, M. Orenzo, lequel, se présentant à moi en compagnie de l'honorable député Cadolini, me consigna un pli contenant la feuille n° 2413, 1re division, cabinet du ministre, du 15 dudit mois. Dans cette feuille, on m'ordonnait de seconder pleinement les ordres verbaux qui me seraient communiqués par le porteur de la dépêche, commandant Orenzo. Les ordres consistaient à faire l'*impossible* pour que, sur le moment, et avec le plus grand secret, fussent extraits des magasins 120,008 *cappellozzi* fulminantes pour petites armes, et 60,000 cartouches à balle pour fusils simples, à consigner, sur reçu, au susdit honorable Cadolini à la station ferrée, avant que partît le premier convoi du matin. »

Le commandant obéit et trente caisses et deux barils furent remis à M. Cadolini, député de la gauche et l'un des chefs actifs du parti garibaldien.

Citons encore ce dernier télégramme qui a précédé le départ de Garibaldi de Caprera, malgré la surveillance dont il était l'objet. C'est le député Crispi qui l'adresse de Terni au président du conseil, le 18 octobre : « Plus de retards; délivrez Garibaldi. Qu'on passe les confins; qu'on occupe immédiatement Civita-Vecchia; ne donnez pas le temps à la

France. Honneur, salut de l'Italie l'exigent. Il y va de votre nom. » On sait le reste. Garibaldi arrive à Florence et un train express l'amène à la frontière.

Nous comprenons très-bien que des témoignages aussi accablants pour le gouvernement italien n'aient pas trouvé place dans le *Livre vert*. Il a fallu les entraînements de la discussion pour les faire sortir des cartons et les livrer à la publicité.

Ainsi, plus de doute et d'incertitude. La complicité du cabinet Ratazzi dans les événements garibaldiens est indéniable. Derrière le chef des chemises rouges se trouvaient l'adhésion et l'appui du ministère. L'histoire ne s'égarera point sur le véritable caractère de cette agression révolutionnaire, et elle en fera peser la responsabilité sur tous ceux qui l'ont provoquée et rendue possible.

Le Constitutionnel qui, lui aussi, a parcouru ces documents accusateurs, n'hésite pas à en tirer la véritable conclusion. Écoutons-le :

« Que nous apprennent, en effet, ces documents? Une vaste conspiration est combinée entre le premier ministre d'un roi et un chef de bandes, à l'effet d'envahir le territoire pontifical. Florence est le quartier général; Ancône, Gênes, Naples, sont les points de rassemblement; Pérouse, Terni, Rieti, les dépôts d'armes et les lieux d'étape des envahisseurs. Les fonctionnaires publics sont de deux sortes : les novices et les initiés. Les uns, ignorant le complot, voudraient bien s'opposer au va-et-vient des chemises rouges, mais ils sont sans instructions, et, lorsqu'ils en demandent à Florence, ils ne reçoivent pas de réponse. Les autres sont dans la confidence et ils connaissent les mots d'ordre. Les préfets se transforment en ministres de Garibaldi, les sous-préfets sont les pourvoyeurs et les agents des cohortes d'invasion qui disposent des fonds publics et de la propriété de l'État.

« L'autorité n'est plus à Florence; elle est aux sous-préfectures de Terni et de Rieti; à la place de M. Ratazzi et de ses collègues, ce sont MM. les députés Crispi et Cadolini qui fonctionnent et agissent. M. Crispi, qui tout récemment a affirmé, en plein Parlement, qu'il avait dissuadé Garibaldi de son entreprise, est le même qui, par télégramme, adjure M. Ratazzi de faire marcher les troupes royales sur Rome et qui règle le départ des volontaires. M. Cadolini, également député, reçoit des pleins pouvoirs du ministre de la marine, pour se rendre à la Spezzia à l'effet de se faire délivrer par le commandant de la place des capsules et des cartouches. »

Ainsi s'exprime *le Constitutionnel* qui, comme on le sait, reflète d'une manière exacte la pensée de la politique impériale, et il ajoute comme conclusion :

« Du reste, depuis longtemps, tous les esprits impartiaux ont formé leurs convictions. La publication de la correspondance confidentielle de M. Ratazzi et de ses agents n'en aura pas moins été utile pour ouvrir les yeux aux incrédules et pour réduire au silence ceux de ses défenseurs qui eussent voulu, comme l'a si bien dit M. le marquis de Moustier, que le gouvernement français, n'ayant pas été dupe de M. Ratazzi, eût accepté le rôle de son complice. »

Nous allons voir, en effet, le gouvernement français repousser avec indignation le rôle qu'on prétendait lui faire jouer et répondre au machiavélisme ratazzien par l'envoi d'un corps expéditionnaire sur le territoire romain.

CHAPITRE IV

L'EXPÉDITION FRANÇAISE EN ITALIE

Les bruits du départ de la flotte. — Un article du *Constitutionnel*. — Les nouvelles militaires de Lyon et de Toulon. — Les bandes garibaldiennes battent en retraite devant les troupes pontificales. — La valeur guerrière des défenseurs du saint-siége. — Trait de courage du clairon Mimi. — Les mensonges des révolutionnaires. — Une proclamation de Menotti Garibaldi. — La note du *Moniteur*. — L'intervention est ajournée. — Crise ministérielle à Florence. — Les actes et les paroles du gouvernement italien. — Garibaldi s'échappe de Caprera. — Son discours à Florence. — L'expédition est résolue et la flotte française fait voile vers Civita-Vecchia. — Garibaldi à la tête des volontaires. — Les menées révolutionnaires à Rome.

Il fallait en finir avec la mauvaise foi et la duplicité florentines. Des ordres furent envoyés à Toulon en vue du départ prochain de la flotte. Puis, le 18 octobre, *le Constitutionnel* publia en tête de ses colonnes l'article suivant, qui ne laissait plus de doute sur les résolutions du cabinet des Tuileries :

« Qui oserait dire que la Convention du 15 septembre n'a pas été signée librement par l'Italie? Qui oserait dire que l'un des deux contractants a fait violence à l'autre? La France et l'Italie ont été amenées à prendre vis-à-vis l'une de l'autre des engagements qui doivent être tenus, rigoureusement tenus, et dont l'un des deux contractants ne peut être délié que par le consentement de l'autre; ainsi le veut l'honneur.

« Sans doute il peut surgir des difficultés dans l'exécution, sans doute il peut en coûter, à un certain moment, de faire son devoir jusqu'au bout, mais c'est précisément pour cela qu'on donne et qu'on prend des garanties, depuis qu'il y a une civilisation, depuis qu'il y a des États, depuis qu'il y a des peuples.

« Jamais traité n'a été plus explicite que la convention du 15 septembre. Pour que la France quittât Rome, l'Italie a pris des engagements vis-à-vis du gouvernement français. Que l'Italie tienne ses engagements, c'est son devoir, et un devoir qui l'honore; que la *France les fasse respecter, c'est son droit, et un droit qui n'est pas contestable.* » — (Paulin Limayrac.)

L'INTERVENTION FRANÇAISE EST DÉCIDÉE

En effet le bruit se répandit aussitôt que les divisions de l'armée de Lyon se disposaient à partir. Dès le 18 les journaux de Lyon contenaient les renseignements suivants :

« En vertu d'ordres reçus hier, un mouvement dont la portée n'échappera à personne a commencé ce matin dans la division de Lyon. La première division (général Dumont), composée des 1er, 29e, 80e régiments de ligne et 19e de chasseurs à pied, division qui se trouve depuis quelques jours entièrement armée de fusils Chassepot, rappelle ceux de ses bataillons détachés à Fort-l'Écluse, à Pierre-Châtel, à Mâcon et à Montbrison.

« Des bataillons faisant partie de la troisième division (général Grandchamp) sont partis aujourd'hui, à quatre heures du matin, par les voies rapides pour les remplacer dans ces garnisons.

« La première division a, d'autre part, nous assure-t-on, reçu l'ordre formel de se tenir prête à partir pour le Midi par le chemin de fer.

« Deux de ces régiments, le 29ᵉ et le 59ᵉ faisaient partie du corps d'occupation de Rome lors de l'évacuation de cette ville par les troupes françaises.

« L'effectif de la division Dumont représente un chiffre de dix mille hommes environ. Dans la journée d'avant-hier les capitaines instructeurs du tir se sont multipliés pour apprendre aux bataillons nouvellement dotés du fusil Chassepot le maniement de cette arme.

« On annonce également que la compagnie du génie qui était à Metz, ainsi qu'un régiment en garnison dans cette ville, sont partis par les voies rapides pour s'embarquer à Toulon. »

De Toulon les informations les plus positives ne laissaient aucun doute sur le départ prochain d'un corps de dix à vingt mille hommes à destination de Civita-Vecchia. Le drapeau de la France allait donc se trouver là où l'appelait l'honneur national.

Pendant que ces événements se passaient, la lutte continuait sur le territoire pontifical, et les troupes pontificales, victorieuses dans toutes les rencontres, se battaient comme des lions.

A la suite de la prise de Nérola où la légion d'Antibes s'était distinguée par son élan et sa bravoure et qui avait terrifié les garibaldiens, ceux-ci avaient évacué non-seulement Monte-Libieti et tous les districts environnants, mais ils avaient encore abandonné la position d'Orte au nord de l'État pontifical et la position de Terracine au sud.

Aussi il n'y avait qu'une voix dans le monde catholique pour applaudir aux exploits de l'armée du saint-père. Le journal *la Patrie* signalait en ces termes la gloire de cette légion de héros :

« Tout le monde, disait ce journal, est d'accord pour admirer le dévouement des jeunes gens qui combattent en ce moment sous la bannière pontificale.

« M. de Luynes, petit-fils du duc Albert de Luynes, ancien officier de zouaves pontificaux, héritier d'une des plus riches et des plus illustres maisons de France, et sur le point de se marier, s'est empressé d'aller rejoindre son régiment en qualité de simple soldat.

« M. de Quélen, lieutenant de zouaves, qui a été grièvement blessé en combattant les garibaldiens et qui est mort de ses blessures, est frère d'un lieutenant-colonel de cavalerie.

« Parmi les Français qui se sont distingués au combat de Monte-Libieti, on a remarqué en première ligne Arthur Guillemin, dont nous avons raconté la mort glorieuse; le sergent de la Bégassière; un Marseillais, nommé Nouguès, atteint de quatre balles.

« Parmi les combattants des autres nations, on doit citer deux caporaux belges, Delahante et Marcier, un autre caporal anglais du nom de Colingrigy, le sergent-major Bach, Suisse, et le Hollandais de Jonghe. Ce dernier, pendant le combat, dédaignant de faire feu de son arme, se servait de son fusil comme d'une massue. Percé de coups de baïonnettes et de poignards, il est tombé entouré de quatorze cadavres ennemis.

« Un clairon romain, appelé Mimi par la troupe, a renouvelé un exploit qui a immortalisé le tambour Viala sous la République. Une main du clairon ayant été brisée par une balle, l'intrépide soldat a continué la charge, tenant son instrument de l'autre main. »

Nous sommes loin, on le voit, de cette armée pontificale que Garibaldi voulait, disait-il dans ses forfanteries ridicules, chasser à coup de crosses de fusil. Mais les chemises rouges, battus dans toutes les rencontres, se consolaient par leur habileté à changer les rôles. C'est ainsi que Menotti Garibaldi célébrait en ces termes dithyrambiques le combat de Nerola. Ecoutons sa proclamation :

« Quartier général des guérillas, Nerola, 14 octobre 1867.

« Compagnons d'armes! nous avons vaincu hier. et il n'est rien que les volontaires ne doivent vaincre quand ils combattent pour une cause telle que la nôtre. La victoire n'a point été gagnée sans pertes. Puisse le sang versé des martyrs nous exciter à marcher sur leurs traces! Nous pouvons être fiers d'avoir mis en fuite l'ennemi qui nous dispute la possession du sol de notre patrie; mais c'est un devoir pour vous de ne point oublier les obligations des soldats en face de l'ennemi, c'est-à-dire l'ordre, la discipline et l'obéissance.

« Cet ordre du jour, en vous annonçant avec une vive douleur la perte irréparable de deux de nos valeureux champions, recommande à tous nos frères d'armes de conserver le souvenir honoré des noms de Rossini et de Capnani, qui sont tombés de la mort des braves en combattant pour la défense de la patrie. J'attends avec impatience les noms de ceux qui se sont signalés dans le combat d'hier, afin de les enregistrer dans les ordres du jour suivants.

« Ce n'est point sans émotion que je consigne ici le nom du brave major Fazari, qui s'est élancé avec intrépidité au milieu des premiers rangs, à la tête d'une compagnie et sous un feu très-vif. Il a eu son cheval tué sous lui et il a été grièvement blessé au pied gauche. Imitons-le, et nous aurons fait notre devoir.

« Le général Garibaldi, en m'écrivant de Caprera, m'envoie un souvenir pour nous tous qui sommes ses enfants, et il s'exprime en ces termes : « Salue « de ma part les preux qui t'accompagnent; tu diras « à tous les Italiens que je te suivrai bientôt; je suis « fier de te prédire la victoire. »

« *Le commandant en chef*,

« MENOTTI GARIBALDI. »

Cette fameuse victoire, prédite par le chef des volontaires, on l'attend encore, on l'attendra longtemps.

Mais le 22 octobre, au moment où chacun s'attendait à apprendre la nouvelle du départ de la flotte de

Toulon, le télégraphe signala un contre-ordre. Le cabinet Ratazzi était renversé. Le général Cialdini était chargé de la formation d'un nouveau ministère qui saurait, disait-on, faire respecter la convention. Enfin *le Moniteur* parut avec la note ci-jointe :

« En présence de l'agression dont les Etats pontificaux ont été l'objet de la part des bandes révolutionnaires qui en ont franchi la frontière, le gouvernement français avait pris la résolution d'envoyer un corps expéditionnaire à Civita-Vecchia.

« Cette mesure était l'accomplissement d'un devoir de dignité et d'honneur. Le gouvernement ne pouvait s'exposer à voir la signature de la France, apposée sur la convention du 15 septembre 1864, violée ou méconnue.

« Mais le gouvernement italien a fait parvenir au gouvernement de l'Empereur les assurances et les déclarations les plus catégoriques.

« Toutes les mesures nécessaires sont prises pour empêcher l'envahissement des États pontificaux et rendre à la convention sa complète efficacité.

« Par suite de ces communications, l'Empereur a donné l'ordre d'arrêter l'embarquement des troupes. »

Une fois encore le gouvernement impérial se laissait prendre aux protestations de loyauté de la cour de Florence. Son illusion devait être de courte durée.

En effet, dès le lendemain la *Gazette officielle* de Florence publiait une note équivoque dans laquelle on disait que le gouvernement resterait fidèle à *la tradition de la politique italienne.* « Les grands intérêts du pays, ajoutait-on, ne souffriront aucune offense. » On connaît la portée de ce langage machiavélique.

Un fait significatif vint montrer, sous son véritable jour, la politique florentine. En même temps que Victor-Emmanuel protestait de son intention formelle d'arrêter l'invasion garibaldienne, le gouvernement italien laissait Garibaldi s'échapper de Caprera.

Malgré la *surveillance* de six vapeurs de guerre et de cinq embarcations de ronde chargées de garder l'île à vue, le chef des guérillas atteignait la terre ferme; sans être nullement inquiété, il traversait une partie de l'Italie et arrivait à Florence. Et ici, laissons parler un correspondant racontant *de visu* les faits incroyables de la présence de Garibaldi à Florence :

« Je me trouvais là par hasard, revenant du chemin de fer. Je demandai ce qu'on allait faire, ce qu'il y avait. Il me fut répondu : Il y a le général Garibaldi et on va le saluer. Au bout de quelques instants, quelques messieurs parurent au balcon d'une maison meublée en faisant signe d'attendre et de faire silence. Bientôt le général Garibaldi parut lui-même, Il était vêtu d'une redingote et portait une cravate noire. Il tenait à la main son chapeau de feutre noir; il était très-pâle et avait l'air très-fatigué. La foule cria *vivat* plusieurs fois; on battait des mains. Enfin le général prit la parole :

« Je vous remercie, dit-il, d'être venus ; vous m'en-
« couragez, et je vous encourage. Il faut aller à Rome

« quand même, sans se laisser décourager par les « flottes et les régiments de ces messieurs. (La foule : « *A Rome! à Rome! au Capitole!*) Je vous supplie « de persister dans l'entreprise; nous devons prou- « ver au monde que nous sommes dignes de notre « indépendance complète, et que notre pays n'est « pas fait pour servir de villégiature à la canaille « étrangère. (La foule crie : *Vive le général!*) La Pro- « vidence nous conduira au faîte de nos destinées. »

« J'ai entendu ce *speech* de mes oreilles; j'ai vu le général, et je dois constater que les comptes rendus que je trouve de tout cela dans les journaux sont inexacts ou du moins incomplets. Garibaldi est parti quelques instants après pour la frontière romaine, par un train spécial demandé au nom de M. Crispi. »

Ainsi, à deux pas du palais Pitti, au sein même de la capitale, Garibaldi haranguait la foule, insultait la France, et on mettait un train spécial à ses ordres pour le conduire à la frontière romaine. On croit rêver en assistant à de pareils actes de duplicité. Mais, à la fin, la coupe déborda, et le 27, *le Moniteur* publia la note suivante :

« Le départ pour Civita-Vecchia de la flotte et des troupes réunies à Toulon avait été suspendu jusqu'à ce soir sur la demande du roi Victor-Emmanuel; mais aucun cabinet n'a encore été formé à Florence. En outre, les bandes révolutionnaires continuent à envahir les États pontificaux et font courir des dangers à Rome elle-même. Le gouvernement de l'Empereur n'a donc pas dû ajourner plus longtemps l'occupation qu'il avait décidée, et l'Empereur a fait connaître à Florence ses résolutions.

« Cette mesure n'a aucun caractère agressif contre l'Italie. Les deux pays sont également intéressés au triomphe de l'ordre et de la légalité. Les manœuvres révolutionnaires tentées contre Rome ne sont pas autre chose qu'une violation du droit public et des traités. La nation italienne et son souverain ne sauraient éprouver sur ces événements d'autres sentiments que les nôtres, et nous conservons l'espérance que les relations amicales qui unissent les deux peuples ne seront pas troublées. »

Il était temps; les bandes révolutionnaires, qui s'étaient retirées sur les points les plus reculés de l'État pontifical et sur le territoire italien en attendant l'arrivée de Garibaldi, s'organisaient et se préparaient à reprendre l'offensive.

Un volontaire naïf écrivait : « Nous allons quinze mille à Rome, le 28. » Ce qui est certain, c'est que Garibaldi, après avoir quitté le chemin de fer à Foligno, avait rejoint le corps commandé par son fils et avait immédiatement ordonné l'établissement d'un camp retranché.

Il recevait continuellement des renforts considérables par l'arrivée non interrompue de détachements de quarante à cinquante hommes, qui n'étaient autres que des soldats de l'armée italienne, conduits par leurs officiers et sous-officiers et ayant à peine dépouillé l'uniforme.

Aussitôt qu'il fut à la tête de cinq mille hommes, il se dirigea sur Monte-Rotondo.

Que se passait-il en ce moment à Rome? Une

lettre de la ville sainte va nous l'apprendre et nous montrer qu'un retard de deux jours dans le départ du corps expéditionnaire aurait pu amener de funestes conséquences. Nous laissons parler l'auteur de la lettre :

« J'ignore quand cette lettre vous parviendra. Le chemin de fer ne fonctionne plus, les fils du télégraphe sont coupés. Les courriers ne partent que très-irrégulièrement et n'arrivent que très-rarement. Nous sommes sans lettres, sans journaux, sans télégrammes. Cependant de graves événement viennent de se produire ici.

« Lorsque M. Prudon, officier d'état-major de l'armée française, a annoncé avant-hier à Sa Sainteté l'arrivée d'un corps expéditionnaire à Rome, le pape s'est écrié : « Pourvu que ce soit la vérité! » Néanmoins, ce jour même, d'après les conseils de M. Prudon, on a commencé à fortifier toutes les portes de Rome, pour être en mesure de résister aux Italiens jusqu'à l'arrivée des Français. Les cinq portes, Salava, Majeure, Saint-Sébastien, Saint-Paul et Saint-Pancrace, ont été entièrement fermées; les sept autres se ferment après le coucher du soleil, en vertu d'une notification de Mgr Rendi, directeur de la police. Le saint-père est allé visiter hier soir les tranchées et les barricades construites hors de la porte du Peuple.

« Avant-hier et hier, beaucoup de garibaldiens étaient entrés isolément en ville. On assure qu'une partie de la bande de Menotti Garibaldi, après sa disparition de Nérola, s'y était introduite. On remarquait, pendant toute la journée d'hier, dans le Corso et dans d'autres rues, une foule de figures inconnues et de gens mal vêtus, à l'aspect sinistre. Il était facile à tout œil exercé de reconnaître qu'ils n'étaient pas Romains. Dans la matinée, les gendarmes avaient arrêté, hors de la porte du Peuple, un chariot conduit par un lieutenant garibaldien et portant trente-quatre révolvers et deux cent cinquante écus en numéraire. Ce lieutenant n'a pas fait de difficulté pour déclarer son nom et son état.

« La police avait été avertie que les garibaldiens qui s'étaient introduits dans l'intérieur de Rome, unis aux hommes du parti de l'action de la ville éternelle, devaient tenter un coup dans la soirée d'hier; mais elle a été impuissante à prévenir ce malheur.

« A sept heures du soir, le signal de la révolution a été donné par une bombe qui a éclaté au milieu de la place Colonna avec un grand fracas. Aussitôt les factieux ont attaqué presque simultanément le Capitole, les prisons de Saint-Michel et de Carieri-Nuovo, la porte Saint-Paul, les casernes de Cinavra, près de Sainte-Marie-Majeure, et de Serristori, près de Saint-Pierre.

« La caserne de Serristori, située à quelques pas du Vatican et occupée par les zouaves, avait été minée au moyen de barils de poudre que les factieux avaient introduits dans les égouts qui passent au-dessous de l'édifice. Une partie de la caserne a sauté en l'air avec un bruit qui a brisé toutes les vitres du quartier. Le Pape et tous les habitants du Vatican ont été profondément troublés par cette épouvantable explosion. Presque tous les zouaves qui se trouvaient au quartier étaient des musiciens de ce corps, Romains ou Italiens.

« Jusqu'à présent, le nombre des cadavres et des blessés que l'on déterre sous les décombres s'élève à plus de trente.

« Le Capitole a été attaqué à la fois du côte du Forum et de la place d'*Ara-Cœli*. Les révolutionnaires voulaient y planter le drapeau italien sur la statue équestre de Marc-Aurèle. Ils ont attaqué la compagnie de carabiniers étrangers qui était de garde au Capitole en criant : *Vive la république! à bas Victor-Emmanuel! à bas les prêtres!* Les soldats leur ont répondu par deux décharges. Le combat n'a duré qu'un quart d'heure. La bande s'est dispersée en laissant deux morts sur le terrain, mais en emportant ses blessés. Le porte-drapeau a été atteint d'une balle au front : c'est un Napolitain. On a continué à se battre encore dans les environs du Capitole, à Via-Alessandrina et sur la place Montanara.

« A Campo di Fiori, à San-Angelo in Pischeria et au pont Quattro-Capi, à l'entrée du Ghetto, le combat a été très-vif, mais partout les révoltés ont battu en retraite devant l'armée et ont disparu.

« En même temps, une bande de cinq cents garibaldiens, venant de la campagne romaine, attaquait la porte Saint-Paul, après avoir tué, blessé ou déssarmé les soldats du poste qui s'y trouve. Le major Eligi, expédié en toute hâte à la tête d'une compagnie de gendarmes et de deux compagnies de carabiniers étrangers, est arrivé au secours du poste et a dispersé les garibaldiens. Un certain nombre de ces derniers s'est réfugié alors dans un casino voisin des murs de la ville et y a opposé une assez longue résistance à la troupe. L'édifice a été pris d'assaut, et le major Eligi y a fait trente-quatre prisonniers.

« A huit heures du soir, l'émeute était réprimée sur tous les points. Les troupes ont eu une quinzaine de morts ou de blessés, sans compter les victimes de la caserne Serristori. Les garibaldiens et les révoltés qui s'étaient joints à eux y ont laissé cinq ou six cadavres.

« Quant à leurs blessés, ils seraient plus de quarante; mais on ne peut les retrouver tous, car les chirurgiens de Rome refusent de les dénoncer et de les livrer aux mains de la justice.

« On craint d'autres troubles ce soir, et l'on s'attend à la proclamation de l'état de siége à Rome.

« Tout le Transtevere s'est déclaré en faveur du Pape. Une députation de Transteverins s'est rendue au Vatican en demandant l'honneur de défendre, contre les *aventuriers étrangers*, le souverain pontife, que leurs ancêtres avaient toujours défendu depuis le temps des guelfes et des gibelins. »

Le 29 octobre, le général de Failly, commandant le corps expéditionnaire, débarquait à Civita-Vecchia et adressait aux Romains la proclamation suivante :

« Romains,

« L'empereur Napoléon envoie de nouveau un corps expéditionnaire pour protéger le Saint-Père et le trône pontifical contre les attaques armées de bandes révolutionnaires. Vous nous connaissez depuis longtemps; comme toujours, nous venons accomplir une mission toute morale et désintéressée. Nous vous aiderons à rétablir la confiance et la sécurité. Nos soldats continueront à respecter vos personnes, vos mœurs et vos lois; le passé vous en est garant.

« Civita-Vecchia, le 29 octobre 1867.

« *Le général en chef du corps expéditionnaire français,*

« De Failly. »

CHAPITRE V

L'ENTRÉE DES ITALIENS SUR LE TERRITOIRE PONTIFICAL

Arrivée des troupes françaises à Civita-Vecchia. — Le drapeau français à Rome. — Le cabinet Menabrea. — Proclamation de Victor-Emmanuel. — Entrée des troupes italiennes sur le territoire pontifical. — Protestation de la presse française. — La circulaire de M. de Moustier. — La note diplomatique du cardinal Antonelli. — Les bandes garibaldiennes se rapprochent de Rome. — Les révolutionnaires à Viterbe. — Le condottiere Acerbi et les contributions forcées. — Les exactions à Montefiascone. — Un singulier plébiscite.

Ainsi qu'on l'a vu dans le chapitre précédent, le 29 octobre, la première division française débarquait à Civita-Vecchia, et le 31, la brigade de Polhès entrait à Rome.

Il était temps, car les événements se précipitaient.

Racontons par ordre la date de cette série de faits qui mettent sous son véritable jour la conduite ambiguë du cabinet de Florence.

Le général Cialdini ayant vainement cherché à former un cabinet, le général Menabrea fut appelé à recueillir la succession de M. Ratazzi. Le nouveau cabinet était, disait-on, *conservateur*, et l'on se plut à espérer qu'il aurait le courage et la volonté de tenir tête à la révolution.

Cette supposition était d'autant plus vraisemblable

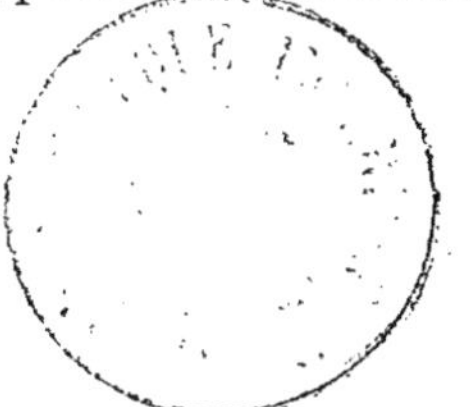

que, le jour même où le cabinet Menabrea se constitua, Victor-Emmanuel lança une proclamation qui jure étrangement avec les déclarations postérieures du gouvernement italien. Il faut citer cette pièce, signée par le roi et par tous les ministres :

« Italiens, des bandes de volontaires organisées et excitées par l'œuvre d'un parti, sans mon autorisation ni celle de mon gouvernement, ont violé la frontière de l'État pontifical. Le respect dû par tous les citoyens sans exception aux lois et aux stipulations internationales, sanctionnées par le parlement et par moi, m'impose dans ces graves circonstances une inexorable dette d'honneur.

« L'Europe sait que le drapeau arboré sur un territoire voisin du nôtre et sur lequel est écrit : Destruction spirituelle du chef de la religion catholique, n'est pas le mien.

« Cette tentative met la patrie commune dans un grave danger, et m'impose l'impérieux devoir de sauver en même temps l'honneur du pays et de ne pas confondre en une seule cause deux causes absolument distinctes, deux objectifs très-différents.

« L'Italie doit être rassurée contre les dangers qu'elle peut courir; l'Europe doit être convaincue que l'Italie, fidèle à ses engagements, ne peut pas être perturbatrice de l'ordre public; une guerre avec notre alliée serait une guerre fratricide entre deux armées qui ont combattu pour la même cause.

« Dépositaire du droit de paix et de guerre, je ne puis pas en tolérer l'usurpation. J'ai donc confiance que la voix de la raison sera écoutée et que les cityens italiens qui ont violé ce droit viendront promptement se placer derrière les lignes de notre armée.

« Le danger que des désordres et des projets inconsidérés peuvent créer parmi nous doit être conjuré, en maintenant ferme l'autorité du gouvernement et l'inviolabilité des lois. L'honneur du pays est entre mes mains, et la confiance que la nation a eue en moi dans les jours les plus douloureux ne peut me faire défaut.

« Quand le calme sera rentré dans les esprits et l'ordre public complétement rétabli, mon gouvernement, d'accord avec la France, s'efforcera loyalement, conformément au vote du parlement, de trouver un accommodement utile et de nature à mettre un terme à la grave et importante question romaine.

« J'ai eu et j'aurai toujours confiance dans votre sagesse, comme vous l'avez eue dans l'affection de votre roi pour cette grande patrie que, grâce à des sacrifices communs, nous avons enfin ramenée au nombre des nations, et que nous devons remettre à nos enfants entière et honorée. »

Il y avait là des engagements formels ; mais au moment où l'on félicitait le chef de la maison de Savoie de son énergie, une terrible nouvelle vint surprendre les esprits : les Italiens avaient reçu ordre de pénétrer sur le territoire pontifical, et on apprit que partout sur leur passage les soldats de l'armée royale renversaient l'autorité du saint-siége pour y substituer le gouvernement de Victor-Emmanuel. C'était le comble de la démence et de l'iniquité. Il n'y eut qu'une voix dans la presse française et dans le monde catholique pour flétrir cette nouvelle invasion, plus coupable encore que celle des garibaldiens.

Dans un article qui fit sensation, publié dans *la Patrie* sous ce titre : *Une déclaration de guerre,* la feuille parisienne s'exprimait ainsi :

« L'Italie avait à choisir entre la France et la révolution : elle vient de se prononcer pour la révolution.

« Les dépêches de Florence nous annoncent que le roi Victor-Emmanuel, l'auteur de la proclamation d'il y a trois jours, a donné l'ordre à ses troupes d'entrer dans le territoire pontifical.

« Que signifie cette démonstration ? Tout le monde répondra : C'est une déclaration de guerre à la France !

« C'en est une en effet, s'il est vrai que, vainement sollicitée depuis dimanche dernier par le cabinet de Florence et par le roi Victor-Emmanuel, l'intervention combinée n'a pas été acceptée par le gouvernement impérial.

« C'en est une, s'il est vrai que, réclamée à Florence, comme nous l'avons vu, au milieu de l'agitation populaire, par les complices de l'invasion garibaldienne, l'entrée des troupes italiennes est une concession au parti révolutionnaire, qui a déchiré sur les places publiques italiennes la proclamation royale.

« Et il n'est que trop vrai que le gouvernement de Florence a été informé, hier encore, des résistances légitimes de la France ; il n'est que trop vrai que le roi Victor-Emmanuel a subi la pression des masses populaires travaillées par les intrigues mazziniennes.

« Une guerre entre l'Italie et la France, cette perspective que nous écartions hier encore, se dresse donc aujourd'hui, implacable et terrible, devant nous. »

La réponse du gouvernement français ne se fit pas attendre, et *le Moniteur* du 1er novembre publia la dépêche suivante adressée par le ministre des affaires étrangères à M. le baron de la Villestreux, chargé d'affaires de France à Florence :

« Paris, le 1er novembre 1867.

« Monsieur, en proclamant énergiquement le respect dû par tous les citoyens aux engagements internationaux, en se déclarant prêt à réprimer le désordre, et à maintenir l'autorité du gouvernement et l'inviolabilité des lois, le roi Victor-Emmanuel nous a donné l'espoir que le nouveau ministère, marchant d'un pas ferme dans la voie qui lui était tracée, saurait, par des mesures efficaces, décourager toutes les menées révolutionnaires et rétablir sur ses bases l'ordre moral et matériel.

« Une telle politique, pratiquée sans hésitation et sans concessions imprudentes aux passions des partis qu'on s'est donné pour mission de combattre, devait amener l'apaisement immédiat de la crise redoutable que l'Italie traverse en ce moment, nous replacer vis-à-vis d'elle dans une situation conforme à nos sentiments intimes, et faciliter la tâche réciproque des deux gouvernements.

« Ce n'est donc pas sans une pénible surprise que nous apprenons la résolution du ministère italien d'occuper quelques points du territoire pontifical.

Nous ne voulons pas discuter aujourd'hui les raisons pour lesquelles on s'applique à motiver un acte si contraire au droit des gens; mais nous tenons à manifester sans retard les impressions que la détermination du cabinet de Florence nous a fait éprouver.

« Si restreinte que puisse être l'intervention italienne dans les États du saint-siége, quels que soient la promptitude avec laquelle elle cessera et les ménagements dont on essayera de l'entourer, le gouvernement français, qui l'a toujours blâmée et déconseillée, ne saurait à aucun degré la couvrir de son assentiment. Si le gouvernement du roi croit pouvoir attendre de nous une adhésion tacite, c'est là une illusion que nous ne devons pas hésiter à dissiper, et vous témoignerez avec quel vif et sincère regret nous le voyons s'écarter d'une ligne de conduite qui, suivant nous, est la seule conforme aux intérêts de l'Italie.

« Recevez, etc.

« MOUSTIER. »

La fermeté et la sobriété énergique de cette circulaire lui donnaient le caractère d'un véritable ultimatum. C'est en effet la portée que lui attribua l'opinion publique.

On était fatigué de cette politique italienne toute pétrie de ruses et de mauvais vouloir. D'ailleurs, un suprême devoir pesait sur l'honneur de la France. Dans l'héritage que les générations se sont transmises, notre pays doit mettre au premier rang la protection des grands intérêts catholiques. Ces intérêts étaient en péril, puisque autour de Rome on voyait rôder deux ennemis, dont l'un, Garibaldi, annonçait naguère à Genève qu'il voulait renverser le catholicisme, et l'autre, Victor-Emmanuel, convoitait ouvertement le siége de la catholicité.

On sait que, dès le 3 novembre, le saint-siége avait protesté contre les violences commises vis-à-vis de son territoire. Nous avons donné précédemment l'analyse de la circulaire du cardinal Antonelli aux représentants du corps diplomatique accrédités auprès du saint-siége, avec invitation de la transmettre à leurs gouvernements. On trouvera cette pièce *in extenso* à la fin de cette histoire de l'invasion des États pontificaux en 1867.

Pendant ce temps, nos troupes arrivaient à Rome, où s'était concentrée la petite armée pontificale en prévision d'une attaque des chemises rouges contre la ville sainte.

Dès que la population de Rome avait appris le débarquement à Civita-Vecchia du corps expéditionnaire français, elle avait témoigné la plus vive satisfaction : « La nouvelle, écrivait-on au *Moniteur*, s'était répandue dans la ville dans la soirée du 28 octobre, et immédiatement l'inquiétude et les alarmes des jours précédents avaient fait place à la joie et à la confiance. »

Du reste, pendant cette douloureuse crise, Pie IX ne cessa de donner l'exemple du calme et d'une sérénité à toute épreuve. L'auguste pontife n'a pas un seul instant douté du triomphe de la cause du catholicisme sur ses ennemis.

Les motifs de satisfaction ne lui manquaient pas, et le peuple, comme les hauts fonctionnaires de Rome, cherchaient toutes les occasions de prouver leur attachement à Sa Sainteté.

Nos soldats étaient arrivés à Rome le 1er novembre. C'est le général Dumont, avec la brigade Polhès, qui le premier fit son entrée dans la ville sainte. Nos troupes furent reçues avec enthousiasme par la population.

Il n'était que temps. En effet, les bandes révolutionnaires se rapprochaient de Rome, occupaient les monts Pariolli, Sacro et la rive droite jusqu'à quelques centaines de mètres de Ponte-Molle. En outre, leur étendard flottait sur les plus importantes localités des provinces, même à Viterbe.

Et puisque nous parlons de cette ville, il n'est pas sans intérêt de montrer par un exemple comment se conduisaient dans les provinces ces prétendus libérateurs. Le correspondant de Rome du journal *l'Étendard* s'est chargé de nous édifier à cet égard. Voici comment il raconte les *exploits* des garibaldiens à Viterbe :

« L'entrée solennelle de la bande eut lieu à la nuit noire, afin que les Viterbèses ne pussent se former une idée préventive contre elle... Il me serait difficile de vous décrire de quelles races de gens était composée cette armée; il y en avait de toutes les sortes : blancs, mulâtres, jeunes, vieux, vêtus, à moitié nus, chaussés, déchaussés, etc. Des physionomies, je n'en parle pas.

« Le grand condottiere Acerbi, qui s'était installé dans le palais apostolique, publia le lendemain une proclamation par laquelle il annonçait la dictature du général Garibaldi; en face des suprêmes pouvoirs qui lui étaient conférés par le suprême général, il se déclara prodictateur de la ville et province. Il essaya de composer une junte gouvernementale, mais nul de ceux qu'il appela ne voulut accepter. Acerbi tenait à cette junte dans la pensée de sanctionner sous son manteau les grandes extorsions qu'il méditait. Après deux jours d'efforts infructueux, il se décida à nommer une junte militaire, composée de Fondi, Agosti et Grugialdi : le premier, Viterbèse; le deuxième, Cagnorèse; le troisième, Valleranèse.

« Les choses procédaient de cette façon depuis trois ou quatre jours, quand on entendit vociférer la parole « contribution; » le même soir, une commission d'officiers se portait à la caisse Camerale et enlevait six mille écus (l'écu est de 5 fr. 35 c.).

« Le lendemain, Fondi partait pour Orvieto, où il allait mettre en sûreté cette somme volée; il revenait à Viterbe dans la nuit, et le matin suivant, il prenait de nouveau dans la susdite caisse cinq mille cinq cents écus. Ensuite les officiers du prodictateur passèrent successivement à toutes les autres caisses : Macinato, timbre, sel et tabac, etc. ; puis en vinrent à la commune et à la province, qu'ils imposèrent pour quatre-vingt mille francs. Mais cette taxe n'eut pas d'effet, le chef garibaldien Acerbi ayant dû écouter les représentations de ceux qui lui dirent que la commune déboursait plus de quatre cents écus par jour pour l'entretien de sa bande.

« Dans le même temps, on imposait l'évêque pour huit mille cinq cents écus romains, les frères Duchêne pour trois mille écus, les frères de Grodi pour quatre mille, le monastère Sainte-Rose pour deux mille, et ainsi de suite, toujours avec la menace de fusiller, de piller, etc. La soldatesque commettait sur ces entrefaites des vols de toutes sortes, si bien que le pays tremblait à chaque instant que cette troupe d'assassins ne mît à sac toutes les maisons. De tout l'argent volé, la bande n'a pas touché un sou, et ce butin fut seulement divisé entre les chefs, c'est-à-dire Acerbi, Clerci, les deux frères Nizzardi, un certain Sadova et quelques autres.

« Ce qui se faisait ici par ordre d'Acerbi se faisait également par son ordre dans toute la province, où il avait expédié divers détachements de sa troupe. »

On comprend sans peine que les populations des provinces pontificales n'aient pas pris goût à ce régime de ravageurs et aient prêté main-forte à l'armée pontificale pour en délivrer le pays.

Mais les renseignements qu'on vient de lire sont loin de donner une idée exacte des turpitudes garibaldiennes. Leurs excès ont été poussés jusqu'aux dernières limites de l'exaction révolutionnaire. A Montefiascone, par exemple, voici ce qui arriva :

« La commune, écrit-on à l'*Osservatore Romano*, était obligée de fournir les logements, le pain, le vin et le fromage; mais on se résignait, faisant de nécessité vertu. Cependant les exigences allaient chaque jour en augmentant; la bande garibaldienne s'empara de tous les chevaux et imposa à la commune le payement des transports, quoiqu'elle eût fait main-basse sur toutes les caisses publiques; mais cela ne suffit pas. La commune dut verser 500 francs et payer une quantité de paires de souliers.

« Bien, pensa-t-on, cela va sans doute s'arrêter là. Oh! bien oui; un certain Ferrari, soi-disant commissaire de guerre, nous intima une contribution de 30 mille francs.

« La poste de Rome était suspendue, celle d'Orvieto également, et toutes les lettres et papiers interceptés. Le soir du 4, un plébiscite fut ordonné par le télégraphe. L'heure avancée l'empêcha. Le vote n'eut lieu que le lendemain 5, et avec cette formule : « Nous voulons l'unité italienne avec Rome capitale. » Je puis vous garantir qu'il n'y avait pas 50 personnes qui y prirent part. Néanmoins le vote donna de brillants résultats, parce que, entre les quelques bulletins des quelques individus de la ville, *on glissa dans l'urne électorale plusieurs milliers de* si (oui).

« Le même jour, une taxe de mille écus, qui devait être comptée immédiatement, fut imposée à tous les établissements pieux, y compris l'évêque et le capitole. »

On ne peut lire sans indignation de pareilles violences !

CHAPITRE VI

BATAILLE DE MENTANA

Occupation de Monte-Rotondo par les garibaldiens. — Héroïque défense de la garnison pontificale. — Entrée des troupes italiennes sur le territoire romain. — Protestation énergique du cabinet des Tuileries. — Les préparatifs de la bataille de Mentana. — Biographie des généraux de Failly, de Polhès, Dumont, Bataille, Raoult, Potier, Duplessis. — Les projets des garibaldiens sur Rome. — Position des bandes révolutionnaires la veille de l'affaire de Mentana. — Description topographique. — État des forces garibaldiennes et des défenseurs du saint-siége. — Marche sur Mentana. — Rapports du général de Failly et du général Kanzler. — Les premiers coups de feu. — Les garibaldiens reculent. — Les Français appuient les pontificaux. — Belle manœuvre du 1er de ligne. — Nos troupes menacent Mentana. — L'armée franco-pontificale passe la nuit sur le terrain même de la bataille. — Les défenseurs de Mentana capitulent. — Retraite de Garibaldi pendant la nuit. — Entrée des vainqueurs dans Monte-Rotondo. — Accueil enthousiaste des habitants. — Résultats de la victoire de Mentana. — La trahison au camp des garibaldiens. — Proclamation de Garibaldi. — Dissolution des volontaires. — Entrée triomphale à Rome des combattants de Mentana. — Nobles paroles de Pie IX. — Arrestation de Garibaldi.

Nous avons vu, dans le chapitre IV, Garibaldi à la tête des volontaires marchant sur Monte-Rotondo. Cette petite ville fortifiée ne possédait qu'une faible garnison, dont le commandement était confié à M. Costes, capitaine dans la légion d'Antibes.

Les bandes garibaldiennes, vingt fois supérieures, pensaient n'avoir qu'à se présenter pour enlever la position; mais ses intrépides défenseurs firent des prodiges de valeur.

A ce propos on ne lira pas sans émotion la relation de cette héroïque défense, racontée par la femme même du commandant en chef de la garnison. Madame Costes s'était enfermée dans la place avec son mari, ayant avec elle un enfant de six ans. Ce récit n'était pas destiné à la publicité. Il n'en est que plus éloquent dans sa simplicité :

« La petite garnison, écrit madame Costes, se replia sur le château de Piombino où j'étais enfermée avec Maurice, le docteur et l'aumônier. Nous passâmes la nuit en prières dans une horrible anxiété, écoutant ce bruit affreux de la fusillade, plus horrible encore dans les ténèbres. Robert était partout. Je ne le vis qu'un instant pour lui serrer la main. Pauvre homme! il souffrait beaucoup. On lui disait de se rendre, lui disant que le château était miné. Il espérait du secours de Rome. Je me contentai de lui dire de faire son devoir, sans songer à nous, et que j'avais beaucoup promis à la Sainte-Vierge, la priant surtout d'épargner Maurice, qui dormait comme un ange, au milieu du bruit et des alarmes générales.

« On attendait le jour avec impatience. Robert comptait toujours sur Rome, et puis il espérait juger la position. Hélas! le jour vint seul et l'attaque recommença terrible, car l'ennemi cernait le château et tirait de dessus les toits. On lui tua encore du monde; mais l'ennemi parvint à entrer dans les écuries dont les portes donnaient dans la rue et il y mit le feu.

« Il était dix heures du matin. On se battait depuis vingt-sept heures. Les soldats étaient épuisés et sous peu de temps les munitions, réunies au premier étage, au-dessus des écuries, allaient faire sauter le château. Robert crut de son devoir de ne pas sacrifier ses trois cents hommes, et il permit d'arborer le drapeau blanc.

« Ce fut un cruel moment. Je n'avais pas craint la mort, mais je craignais que ce coup ne tuât mon pauvre Robert.

« Pendant que j'étais réfugiée dans la tour, une balle y parvint et passa entre Maurice et moi sans nous blesser. Les garibaldiens entrèrent comme des furieux. Je me présentai avec mon fils, et je dois leur rendre la justice qu'ils ne me firent aucun mal, ni aucune menace. Il y en a même qui me prirent la main et qui rassurèrent le pauvre Maurice, qui pleurait, craignant qu'on ne tuât son père.

« On voulut me faire sortir du château pour me conduire chez le général. Garibaldi, lui-même, était à Monte-Rotondo. Je demandai à retrouver mon mari, et pendant qu'il traitait avec les vainqueurs, j'attendais dans une maison, sous la protection de deux fidèles légionnaires et celle des officiers garibaldiens...

« Robert, continue madame Costes, capitula; il fit ses conditions avec Garibaldi, qui lui accorda que les officiers gardassent leurs épées. Robert refusa de promettre qu'ils ne combattraient plus contre lui. Enfin on vint me dire que mon mari m'attendait à l'église, où tous deux étaient réunis. Je traversai la ville et, arrivée devant l'église, on me présenta au général, qui me regarda seulement.

« Son médecin me dit : Vous êtes libre d'aller à Rome, où l'on vous fera escorter. Je répondis : Je veux suivre mon mari, et j'entrai dans l'église, où je le trouvai. »

Cette intéressante lettre est complétée par quelques lignes que nous empruntons à la *Correspondance de Rome :*

« Après la capitulation, les défenseurs s'étaient retirés dans la grande église de Monte-Rotondo.

« Les rues et la place qui conduisent à cette église étaient couvertes de garibaldiens dont le premier acte fut d'assassiner un légionnaire désarmé. Bientôt Garibaldi, suivi de deux aides-de-camp, tous trois à cheval, entra dans l'église. Il se découvrit, non pas devant la sainteté du tabernacle, mais parce qu'il se sentit humilié peut-être de sa victoire en ne trouvant réunie qu'une poignée d'hommes, et qu'il ne put s'empêcher d'honorer leur courage. Ces hommes étaient découverts, eux, à cause du lieu saint, et il eut la naïveté de prendre cet hommage pour lui-même.

« — Couvrez-vous, mes enfants, s'écria-t-il d'un ton paterne en remettant son chapeau. Vous êtes de fameux soldats. Avec des hommes tels que vous on pourrait aller partout, et vous êtes dignes de servir une meilleure cause. Je suis désolé de ce qui vient d'arriver. Un de mes soldats a tiré sur un des vôtres quand la capitulation était déjà faite ; je viens de le faire fusiller.

« Mais pendant même que Garibaldi parlait, ceux qu'il appelle *ses soldats* se glissaient dans l'église et déchiraient les nappes des autels; puis vint un pillage sacrilége. »

Devenue libre, cette héroïque garnison rentra plus tard à Rome, où elle fut reçue par le comte d'Argy, le vaillant colonel de la légion pontificale. Il adressa à cette petite troupe les paroles suivantes :

« — Vous voilà revenus enfin au milieu de nous, mes braves enfants, et nous sommes heureux de vous revoir. Vous avez combattu vaillamment à Nerola, vous vous êtes défendus héroïquement à Monte-Rotondo, faisant subir à l'ennemi des pertes considérables. Que si la fin n'a pas répondu à votre bravoure, vos camarades vous ont vengés à Mentana. Plus que jamais nous serons liés et fidèles à la cause du pape. Vive Pie IX! »

Cette réception avait eu lieu à la station des Thermes de Dioclétien. On entra ensuite à Rome aux acclamations remerciant ainsi cette troupe de braves.

Du reste, les défenseurs du saint-siége ne devaient pas tarder à prendre leur revanche.

Cependant, le gouvernement italien, levant le masque, avait accompli cette odieuse violation du traité en pénétrant sur le territoire romain. Dans la journée du 30 octobre, l'armée royale occupa presque toutes villes des États pontificaux où l'on savait ne pas rencontrer les Français. C'est ainsi que Velletri, Viterbe, Frosinone, Terracine furent successivement envahies par les Italiens. Comme nous l'avons dit, partout les émissaires de Victor-Emmanuel faisaient démettre les autorités romaines et organisaient de nouvelles administrations au nom du roi d'Italie. Puis l'on procédait à une sorte de comédie du vote dont les feuilles italiennes faisaient grand bruit.

Mais dès que ces faits furent connus à Paris, ils provoquèrent une protestation immédiate et il faut supposer que les télégrammes transmis au palais Pitti furent énergiques, car la *Gazette officielle de Florence* déclara que Victor-Emmanuel n'acceptait pas les *plébiscites* en faveur de l'annexion à l'Italie.

Les événements allaient bientôt forcer les troupes italiennes à battre en retraite. Nous touchons, en effet, à cette grande victoire de Mentana qu'il faut raconter en détail.

Nous avons dit que le commandement en chef du corps expéditionnaire avait été confié au général de Failly, aide-de-camp de l'empereur. Voici, sur ce général, quelques détails biographiques qui trouvent naturellement leur place dans ce récit de l'invasion des États pontificaux :

LE GÉNÉRAL DE FAILLY

Est né à Rozoy-sur-Serre ; une inscription gravée sur sa maison natale porte cette inscription : « Le général de Failly est né ici, le 21 janvier 1810. Une épée d'honneur lui fut offerte par souscription et remise aux noms de ses concitoyens, au mois de mars 1857. »

M. de Failly a fait avec éclat les campagnes de Crimée et d'Italie. Il est grand officier de la Légion d'honneur, général de division depuis le 22 septembre 1855, aide-de-camp de l'empereur et membre du conseil général de l'Aisne.

Donnons aussi, d'après M. Louis Noir, quelques détails biographiques sur le général de Polhès, qui a pris une si grande part à la victoire de Mentana :

LE GÉNÉRAL DE POLHÈS

Est âgé de cinquante-quatre ans. Il fut lieutenant-colonel et colonel de zouaves. Il était vraiment digne de commander ces hardis soldats.

Brave, spirituel, très-railleur, il savait d'un mot punir ou récompenser son monde; on le redoutait fort au 3e régiment de zouaves qu'il menait de la bonne façon, c'est-à-dire en agissant sur l'amour-propre de ses subordonnés.

Le général de Polhès est de petite taille; il est légèrement voûté comme l'était feu le général Clerc, de si glorieuse mémoire. Il a les cheveux blonds et grisonnants et un visage souriant dont l'expression pleine de bonté corrige les sarcasmes que le désir de gronder sans punir fait souvent tomber de sa bouche. Il a un regard franc, scrutateur, *en pointe d'aiguilles*, disent les soldats. Il cherche toujours à pénétrer la pensée de son interlocuteur; de là le surnon de *sondeur* que lui ont donné ses zouaves.

Une particularité à noter :

M. de Polhès a le teint bistré comme un vieil Africain qu'il est. Il a passé dix ans au moins en Algérie dans les plus rudes moments, guerroyant toujours dans l'infanterie légère. Voici du reste ses états de service; il est difficile d'en trouver de plus brillants :

Le 1er décembre 1830, il entrait à Saint-Cyr;

Le 1er octobre 1832, il était nommé sous-lieutenant au 34e de ligne;

En 1834, il arrivait en Afrique sous-lieutenant au 2e régiment léger, et prenait part à cette longue série d'expéditions meurtrières qui signalèrent la période de la conquête, allant de 1835 à 1839 ;

Il prit glorieusement part à la campagne de Crimée et fut nommé général de brigade le 14 mars 1859.

Mais, en dehors des troupes qui, sous le commandement du général de Polhès, ont triomphé à Mentana, le corps expéditionnaire compte un grand nombre d'officiers supérieurs qui ont déjà conquis une brillante réputation militaire.

Citons, par exemple, le général Dumont, qui commande la 1re division, et empruntons à un article de M. Nordley, dans *la Situation,* sur le corps expéditionnaire, quelques lignes sur ce général :

LE GÉNÉRAL DUMONT

A gagné ses épaulettes de brigadier au siége de Sébastopol, et celles de divisionnaire par les services qu'il a rendus en Italie en 1859. Il a fait cette campagne comme commandant la 2e brigade de la division Bazaine au 1er corps. Sa brigade a été fortement engagée à Solferino, sur la gauche, devant la fameuse Tour, le village et le cimetière, et aussi à Melegnano.

La seconde division est commandée par le général Bataille.

Le même article nous fournit les détails biographiques suivants :

LE GÉNÉRAL BATAILLE

« Est un de nos plus jeunes et de nos plus brillants divisionnaires. Pendant quinze années en Afrique, où il a fait tout son avancement sous le feu de l'ennemi, cet officier n'était en 1848 que capitaine adjudant-major dans la légion étrangère, au 2ᵉ régiment commandé par le colonel Canrobert, et en 1854, neuf années plus tard, il commandait le 45ᵉ de ligne, avec lequel il se trouvait encore dans notre colonie d'Afrique.

« Dans l'intervalle il avait été chef d'un bataillon de tirailleurs indigènes. Le colonel Bataille resta à la tête du 45ᵉ, et en Afrique jusqu'en 1857, époque où il fut promu général.

« Lors de la campagne d'Italie, en 1859, il fut appelé au commandement de la 1ʳᵉ brigade de la division Trochu au 3ᵉ corps. Bientôt ses brillantes qualités et ses services le firent choisir par l'empereur pour commander une brigade d'infanterie de sa garde. Nommé général de division en 1866, il a commandé cette année la 2ᵉ division du camp de Châlons avec une des brigades de laquelle il est parti pour Rome. »

Empruntons à la même source les notes suivantes

sur les généraux de brigade Raoult, Potier et Duplessis :

LE GÉNÉRAL RAOULT

« Fut blessé deux fois sous les murs de Sébastopol, en remplissant les importantes et très-périlleuses fonctions de major de tranchée. Il se trouvait comme chef d'état-major de la division territoriale de Châlons, lorsque le général russe Totleben vint au camp.

« Totleben aperçut son ancien adversaire, lui sauta au cou, l'embrassa avec effusion et le présenta à l'Empereur comme l'homme qui lui avait le plus donné, comme on dit vulgairement, de fil à retordre pendant le siége. L'Empereur nomma le colonel Raoult chef d'état-major général de la garde, fonctions qu'il exerça jusqu'à sa nomination au grade de général de brigade, en mai 1860. C'est en cette qualité qu'il fit la campagne d'Italie. Le général Raoult était au camp de Châlons cette année; il fut envoyé, à la levée de ce camp, à Mézières, au centre des trois corps de sa brigade, 6e bataillon de chasseurs, 19e et 35e de ligne. »

LE GÉNÉRAL POTIER

« Qui commande la 2e brigade de cette division, était également au camp de Châlons cette année. Il était resté au camp avec sa brigade, composée des 42e et 87e de ligne, pour les expériences de tir. Cet officier général commandait en 1859 le 6e bataillon de chasseurs à pied, à la division Vinoy, du 4e corps. Lors de la bataille de Solferino, le maréchal Niel lui confia un poste des plus périlleux avec ordre à son bataillon de s'y faire tuer jusqu'au dernier homme s'il le fallait.

« Le commandant Potier remplit sa mission avec un courage et un sang-froid qui lui concilièrent l'estime et l'affection du maréchal. Devenu colonel du 81e de ligne en 1863, il fit avec son régiment la campagne du Mexique, où il gagna ses épaulettes de général. Cet officier passe avec raison pour un brillant et rude homme de guerre. Il a versé à plusieurs reprises son sang sur les champs de bataille, et se trouvait à la brigade de Wimpffen avec le 50e de ligne, brigade donnée comme réserve au brave de Mac-Mahon pour l'opération la plus importante, l'enlèvement de l'ouvrage Malakoff. »

LE GÉNÉRAL DUPLESSIS

« Qui a sous ses ordres la 2e brigade de la division Dumont, est un ancien commandant du 3e bataillon de chasseurs à pied, avec lequel il a fait toute la campagne d'Orient, étant à la division Bosquet, avec le premier convoi parti de France. En 1859, M. Duplessis, colonel du 14e de ligne, commanda ce beau régiment pendant la campagne d'Italie, où il se trouvait à la 1re brigade de la division Bourbaki. »

On voit que le corps expéditionnaire envoyé à

Rome pour soutenir la cause française et catholique comptait à sa tête des notabilités militaires et dans ses rangs d'intrépides soldats. Les garibaldiens en savent quelque chose.

Une fois maître de Monte-Rotondo, Garibaldi menaçait sérieusement Rome, et il vint lui-même à plusieurs reprises pour examiner le terrain et préparer l'attaque. On sait que dans l'intérieur de la ville le comité insurrectionnel lui préparait les voies. C'est dans une de ces visites aux abords de la place que le chef des volontaires faillit être blessé gravement.

Le commandant en chef du corps expéditionnaire comprit qu'il ne fallait pas laisser se prolonger cette situation, et qu'à tout prix il importait de chasser les bandes révolutionnaires de la position menaçante qu'elles occupaient à Monte-Rotondo, et au nord de Rome, et sur la rive droite de l'Anio.

La résolution d'agir fut donc arrêtée entre le général de Failly et le général Kanzler, pro-ministre des armes, commandant l'armée pontificale, et on fixa au dimanche 3 novembre l'exécution du projet.

Quelle était à ce moment la véritable position des garibaldiens? Le rapport officiel du commandant en chef du corps expéditionnaire français va nous l'apprendre :

« Le Tibre, dit le général de Failly, arrive à Rome en suivant une direction générale du nord au sud. A peu de distance de la ville, il reçoit sur sa gauche un affluent considérable, l'Anio, avec lequel il forme un angle presque droit.

« De la ligne de partage des eaux, descendent de

nombreux contre-forts qui s'élèvent graduellement, et défensifs. Sur l'un des contre-forts qui vont vers le Tibre se trouvent situées les localités importantes de Mentana et de Monte-Rotondo, gros bourgs entourés d'épaisses murailles et couverts au nord et au sud par un terrain déchiré et d'un abord très-difficile.

« C'était là qu'était établi le quartier général de l'insurrection.

« Deux routes conduisent de Rome à cette position, l'une longeant le Tibre, la voie ferrée de Rome à Florence et le pied des hauteurs ; l'autre, traversant l'Anio au pont dit Nomentana, se dirige sur Mentana en suivant constamment la ligne de partage. Elle atteint sa plus grande élévation aux abords de Mentana, qu'elle domine du côté de Rome. Là était la clef de la position. »

Maintenant que nous connaissons la topographie du terrain où va se livrer la mémorable bataille de Mentana, recherchons de quelles forces disposait Garibaldi. Cette question a été fort discutée, mais aujourd'hui la vérité est parfaitement connue.

Dans son rapport, le général Kanzler portait à *neuf* mille environ le nombre des volontaires commandés par Garibaldi et ses deux fils Menotti et Ricciotti. Ce chiffre très-vraisemblable a été contesté par les garibaldiens, et d'après la relation signée par les principaux chefs, et entre autres par Menotti Garibaldi, les chemises rouges n'avaient pas à Mentana plus de 5,000 hommes, avec deux pièces d'artillerie prises à Monte-Rotondo.

D'après cette même version garibaldienne « le

3 novembre, à midi, le corps des volontaires italiens qui occupait Monte-Rotondo se mit en marche sur la route de Mentana par Tivoli, où devaient se concentrer tous les autres corps occupant le territoire pontifical. Le général Garibaldi avait prévu l'éventualité de la rencontre de l'ennemi en chemin et il avait donné des ordres en conséquence. L'avant-garde était composée du 2e bataillon de bersagliers, qui devait flanquer la droite, la plus exposée à l'ennemi. »

Quoi qu'il en soit, de l'exactitude de cet exposé, en admettant les 5,000 garibaldiens, ils étaient en nombre égal avec leurs adversaires qui formaient aussi un effectif de 5,000 hommes, savoir : pour la colonne pontificale sous les ordres du général comte de Courten : deux bataillons de zouaves commandés par le colonel Allet, 1,500 ; un bataillon de carabiniers (chasseurs à pied étrangers), commandés par le lieutenant-colonel Jeannerat, 520; un bataillon de la légion romaine sous les ordres du colonel d'Argy ; une batterie de six pièces d'artillerie, commandée par le capitaine Polani, 117 ; un escadron de dragons de quatre pelotons sous les ordres du capitaine Cremona, 106 ; une compagnie de sapeurs du génie, 80 ; plus 50 gendarmes, soit pour les pontificaux 2,913 hommes.

La colonne française, commandée par le général de brigade baron de Polhès, se composait des : 2e bataillon de chasseurs à pied, commandant Comte ; 1er bataillon du 1er régiment de ligne, sous les ordres du colonel Frémont ; 1er bataillon du 29e de ligne, sous les ordres du lieutenant-colonel Saussier ; deux bataillons du 50e de ligne, sous les ordres du colonel

Berger; un peloton du 7e chasseurs à cheval, commandant Wederspoch-Thor; un peloton de dragons pontificaux, commandés par le sous-lieutenant Belli; une demi-batterie d'artillerie. Le total formait un effectif d'environ 2,200 hommes.

Assistons maintenant à la marche des troupes et aux diverses péripéties de l'action. C'est le général Kanzler, commandant en chef de l'armée pontificale, qui retrace les préliminaires de la bataille :

« Nous sortîmes de Rome, dit-il, à quatre heures du matin, par la porte Pie, nous dirigeant au delà du pont Nomentana, sur la route qui conduit à Mentana. Après avoir passé ce pont, je donnai l'ordre au commandant de Troussures, officier supérieur très-distingué du régiment des zouaves, de se porter avec trois de ses compagnies, sur la voie Solara, le long du Teverone. Il devait s'avancer avec précaution et opérer de ce côté une diversion fort utile pour attirer l'ennemi, tandis que j'aurais poussé l'attaque du côté opposé.

« L'avant-garde de la colonne principale, précédée d'un peloton de dragons sous les ordres du commandant de la Rochette, comprenait trois compagnies de zouaves, commandant de Lambilly, et une section d'artillerie sous les ordres du lieutenant Cheynet. »

On a vu que d'après la version des garibaldiens, les volontaires ne cherchaient pas la bataille. Le général Kanzler constate, au contraire, que leur chef avait pris position. « Il se tenait, dit-il, sur la défensive, et, loin de se disposer à battre en retraite, il préparait un mouvement de concentration sur Tivoli. Prévenu par les éclaireurs de la marche de nos colonnes, il se mit en mesure de nous tenir tête. Les barricades trouvées à Mentana et ses postes avancés prouvèrent évidemment qu'il s'était retranché dans des positions assez fortes pour nous attendre et nous résister. »

Nous avons dit que les troupes s'étaient mises en route à quatre heures du matin. Une pluie d'orage assez abondante vint à tomber. A midi trois quarts, environ à 4 kilomètres de Mentana, les premiers coups de feu furent tirés. La bataille commençait et, pour en suivre les phases diverses, nous en emprunterons les détails aux deux rapports des commandants en chef, le général de Failly et le général Kanzler. C'est le plus sûr moyen de rester dans le vrai.

Ainsi qu'on vient de le voir, c'est à midi trois quarts que le feu commença. Les avant-postes garibaldiens, établis dans les taillis qui bordent la route, tirèrent sur l'avant-garde pontificale. Ces taillis furent rapidement et brillamment enlevés par les zouaves, qui parvinrent à s'établir sur les hauteurs qui dominent Mentana.

Dès cette première rencontre, le feu ne fut pas très-vif, parce que l'ennemi, brusquement attaqué à la baïonnette, fut refoulé de ces hauteurs sur d'autres peu éloignées. Dès le début, le capitaine de Veaux, frappé d'une balle au cœur, tombait glorieusement à la tête de sa compagnie.

Pour soutenir ce mouvement offensif des zouaves pontificaux et empêcher l'ennemi de déborder leurs ailes, le général de Polhès envoya à leur droite 3 compagnies du 2e bataillon de chasseurs à pied et un bataillon du 1er de ligne, et à leur gauche un bataillon du 29e avec une pièce d'artillerie.

Laissons un instant l'armée franco-pontificale pour nous occuper des garibaldiens. Voici quelles avaient été les dispositions prises par leur chef :

Le 2e bataillon de volontaires, et les 2e et 3e de bersagliers, en compagnie des carabiniers de Livourne, avaient pris position, comme on vient de le voir, sur les collines, à un demi-mille de distance de Mentana.

Forcé de céder devant l'impétuosité de l'attaque des zouaves, le gros des troupes garibaldiennes occupa le château et les maisons, pendant que le reste des chemises rouges s'échelonnait à la gauche et derrière le pays.

D'autres volontaires garibaldiens, se repliant en désordre, allèrent se reformer à couvert en masses imposantes dans l'enceinte murée de la *Vigna Santucci.* Ce point important fut encore enlevé rapidement par les zouaves qui, avec un élan irrésistible, prirent d'assaut l'enceinte et les bâtiments de cette vigne.

Le lieutenant-colonel de Charette conduisait de sa personne les zouaves à l'attaque, et son cheval reçut trois coups de feu. Le colonel Allet, durant toute l'action, s'efforçait de maintenir compacts les rangs de ses soldats, emportés par leur ardeur.

Dès le commencement, l'action avait été appuyée par le feu d'une pièce d'artillerie, mise en batterie sur une hauteur à gauche de la route. Les coups étaient dirigés sur le gros des ennemis qui se reformaient à la Vigna Santucci. Le feu de cette pièce ne cessa qu'au moment où les progrès rapides de notre infanterie en rendirent l'usage dangereux pour nos troupes.

Presque en même temps une autre pièce d'artillerie pontificale était mise en batterie sur la route, à cinq cents mètres de Mentana, et bientôt la 3e section de la batterie Polani s'établit dans la Vigna Santucci abandonnée par les garibaldiens, croisa ses feux avec ceux des pièces françaises, situées à peu de distance, sur le mamelon à gauche.

Cependant l'infanterie pontificale, avec une vigueur toujours croissante, s'avançait vers Mentana, cherchant à gagner du terrain tant sur la droite que sur la gauche de cette formidable position; mais l'ennemi, s'apercevant du mouvement, déploya deux fortes colonnes pour prendre les soldats pontificaux de flanc des deux côtés à la fois. Sa manœuvre réussit, surtout sur la droite. Le bataillon des carabiniers, qui s'était élancé fort en avant dans une plantation d'oliviers, à très-petite distance des habitations, se trouva bientôt entre deux feux, et malgré des pertes sensibles, il ne recula pas.

Le brave colonel de Courten, bien que retiré du service, suivait ce corps comme volontaire, et voulut partager à pied comme simple soldat les fatigues de la campagne. Le bataillon paya cher la solidité dont il fit preuve dans cette attaque. Il eut proportionnellement aux autres corps un plus grand nombre d'hommes hors de combat. Parmi ceux-ci, le commandant de Castella, à la tête de quelques compagnies, eut son cheval tué sous lui et fut lui-même blessé.

Garibaldi, posté sur une hauteur, dirigeait lui-même le tir des canons.

Il était trois heures et demie, et la réserve du général Kanzler était presque épuisée, car l'intrépide colonel d'Argy, chargé de soutenir le centre, n'avait plus à sa disposition qu'une force minime.

Déjà les chemises rouges se croyaient victorieuses.

Mais soudain le combat change de face.

Ce sont les soldats français qui, impatients d'entrer en lutte, s'élancent avec leur valeur habituelle sur les lignes ennemies, qui cherchaient à envelopper les pontificaux.

On vit alors le 1er de ligne se porter rapidement sur la position, descendre au pas redoublé les pentes de San-Sulpizio, et, pour se soustraire aux boulets ennemis, se déployer, en conservant en colonne ses trois compagnies de droite. Puis, soutenu par les trois compagnies du 2e bataillon de chasseurs, et avec l'ordre de ne point tirer, ce bataillon appuya insensiblement vers l'extrême gauche des garibaldiens, pour menacer leur ligne de retraite sur Monte-Rotondo.

Cette marche à la baïonnette, exécutée avec beaucoup d'ensemble, ne coûta à la colonne française que deux blessés, et produisit sur les garibaldiens une impression telle qu'ils se retirèrent en masse compacte. Les trois compagnies de droite se déployèrent alors et exécutèrent aussitôt sur les garibaldiens, massés en désordre sur la chaussée qui monte à Monte-Rotondo, un feu à volonté, à nombre de cartouches limité, qui porta la mort et surtout la démoralisation parmi eux.

Le 1er de ligne, qui avait ordre de régler sa marche sur celle des autres colonnes, s'arrêta et prit position pour attendre le mouvement offensif sur Mentana même.

Pendant que ces événements se passaient à la droite, le bataillon du 29e de ligne exécutait à la gauche un mouvement analogue. Il s'engageait vivement sur les positions boisées qui servent de ceinture au village, poussait de collines en collines les tirailleurs ennemis, et se rapprochait d'une manière sensible de Mentana, qu'il menaçait par le sud-est.

Une colonne garibaldienne, forte de quinze cents hommes, sortit alors de Monte-Rotondo, et chercha, après avoir rallié les tirailleurs dispersés, à pénétrer dans Mentana, qui soutenait un combat acharné contre l'attaque du centre faite par l'armée pontificale. Laissant deux compagnies pour assurer sa retraite, le bataillon du 29e se porta vigoureusement en avant, et compensant son infériorité numérique par le choix d'une bonne position dominant le terrain que devait suivre la colonne ennemie, il parvint à la maintenir et à empêcher jusqu'à la nuit sa réunion avec les forces qui défendaient Mentana.

Le détachement commandé par le chef de bataillon de Troussures arriva fort à propos sur ce point. Cet officier avait longé le Tibre, et par d'habiles mouvements exécutés avec les trois seules compagnies dont il disposait, il contribua puissamment à tenir en respect les garibaldiens et à paralyser leur attaque sur notre droite.

Plus tard, il établit des compagnies à cheval sur la route entre Monte-Rotondo et Mentana, et pénétra même dans le village, où il fit plusieurs prisonniers.

Ayant rencontré cependant une vigoureuse résistance et sachant Monte-Rotondo encore occupé par es bandes, il traversa avec autant de bonheur que de hardiesse la ligne ennemie, et se porta sur l'extrême droite, près du bataillon du 1er de ligne, où le soir il établit ses bivouacs.

Sur ces entrefaites, une section d'artillerie, commandée par le capitaine Daudier, s'établissait à trois cents mètres des murs du château de Mentana, et on ouvrait un feu qui, à cette distance, eût été très-efficace; mais ces pièces, trop exposées à la mousqueterie ennemie, coururent grand risque de ne pouvoir opérer leur retraite. Bravement soutenue par une compagnie de zouaves, la position fut conservée quelque temps, tout en éprouvant des pertes sérieuses. Le maréchal-des-logis comte Bernardini y fut tué; deux conducteurs, plusieurs chevaux y furent blessés. Cette section fut néanmoins dégagée et prit une position plus avantageuse.

L'infanterie, qui depuis plusieurs heures avait soutenu et repoussé avec un indicible élan les efforts réunis de l'ennemi, s'était peu à peu massée autour de Mentana, qui maintenant était enfermée dans un cercle de fer, dont les défenseurs, abrités derrière les murailles, continuaient sur l'armée franco-pontificale un feu très-vif.

La journée s'avançait. On jugea donc le moment venu de donner un assaut décisif pour mettre fin au combat avant la chute du jour.

Le général Kanzler donna ses ordres à ses troupes, et le général de Polhès voulut marcher lui-même, avec le colonel de Berger, à la tête du 59e de ligne et du 2e bataillon de chasseurs à pied. Cette colonne s'avançait dans un chemin encaissé, à droite de la grande route, jusqu'à une très-petite distance des murs de Mentana. Elle réussit à chasser l'ennemi des vignes environnantes qu'il occupait encore; mais, malgré les plus héroïques efforts, elle ne put pénétrer dans le village, flanqué de plusieurs maisons isolées, toutes fortement occupées par les garibaldiens.

Du reste, le but principal de la journée était atteint; car l'ennemi, culbuté dans toutes ses positions, après des pertes considérables, s'était enfermé dans Mentana, où il devait nécessairement être en proie à la plus grande démoralisation.

Il fut donc convenu qu'on remettrait au lendemain une nouvelle attaque. On pouvait être d'autant plus tranquille que les garibaldiens, n'ayant pas la retraite libre, devaient se rendre plutôt que d'affronter un échec beaucoup plus sérieux.

Aussitôt on prit les mesures de sûreté nécessaires, et l'armée franco-papale dressa ses bivouacs sur le terrain même occupé précédemment par les garibaldiens.

On installa, en outre, de forts avant-postes autour de Mentana, pour avoir la certitude que l'ennemi ne pourrait profiter de l'obscurité pour opérer une retraite.

La nuit se passa sans alerte.

Vers cinq heures et demie du matin, le lieutenant-colonel Bressoles, du 59e, fit savoir qu'en visitant ses grand'gardes il avait cru remarquer que Mentana était évacué. Ordre lui fut donné de s'en assurer militairement. Dès le début de cette opération, un drapeau parlementaire était hissé sur le château de Mentana, et un parlementaire garibaldien sortait du village. Il venait demander que les garibaldiens pussent se retirer avec armes et bagages. Cette proposition fut rejetée par le général Kanzler et le général de Polhès.

Pendant ce temps, la reconnaissance faite par le 59e avait pénétré dans Mentana, et son chef, le lieutenant-colonel Bressoles, entrait directement en pourparlers avec le major garibaldien qui commandait le château.

La capitulation fut convenue aux conditions suivantes, que ratifièrent les généraux Kanzler et de Polhès : Les défenseurs du château sortiraient en déposant les armes et seraient reconduits à la frontière italienne par une escorte française ; les autres garibaldiens, au nombre de huit cents environ, seraient prisonniers de guerre.

D'un autre côté, le 1er de ligne, après s'être assuré que le 59e ne rencontrait aucune résistance dans Mentana, poussa une forte reconnaissance sur Monte-Rotondo. Deux paysans certifièrent que les garibaldiens avaient évacué la place pendant la nuit. On s'avança alors avec toutes les précautions nécessaires pour éviter une surprise, et on ne rencontra que des habitants inoffensifs et des garibaldiens morts ou blessés. Le 1er de ligne, suivi du 2e bataillon de chasseurs, entra dans Monte-Rotondo aux acclamations enthousiastes de la population et aux cris de : *Vive le Saint-Père ! vive l'Empereur !* Les armes du pape furent arborées aussitôt sur la tour du palais ; on ramassa près de deux mille fusils abandonnés et on s'occupa immédiatement d'organiser les moyens de défense.

Ce fut un douloureux spectacle pour les vainqueurs que l'aspect de la ville de Monte-Rotondo : les églises dépouillées et profanées, les habitants remplis de terreur par les violences et les exactions dont ils avaient été victimes. Les troupes furent donc accueillies comme des libérateurs.

Le régiment des zouaves pontificaux, fort de 1,500 hommes, occupa le château et la ville. Les autres troupes campèrent à deux kilomètres des murs, à proximité des puits qui existent dans ce rayon.

Le général Kanzler constate dans son rapport que « Garibaldi, qui avec ses fils assista au combat de Mentana, ne se montra jamais au premier rang, et lorsqu'il vit les siens ployer en désordre sur tous les points, il se hâta de se mettre en sûreté à Monte-Rotondo. » De là, ajoute-t-il, le soir même, avec sa famille, il repassa la frontière, changeant ainsi son cri de guerre impie : Rome ou la mort! en celui de : *Sauve qui peut!*

Tel fut le caractère de cette grande victoire, qui écrasa le mouvement des envahisseurs et sauva, on peut le dire, le siége de la catholicité. Le retentissement de cette bataille fut immense. Les forfanteries révolutionnaires aboutissaient à une défaite terrible, et Garibaldi, qui devait chasser les troupes pontificales à coups de crosse de fusil, était contraint de fuir en toute hâte.

Les pertes des chemises rouges furent énormes. Un millier de volontaires est resté tué ou blessé sur le champ de bataille; 1,398 ont été faits prisonniers; plusieurs centaines ont été escortés jusqu'à la frontière, et le reste a pris la fuite, jetant et brisant, pour la plupart, leurs armes et laissant un canon au pouvoir de leurs adversaires.

Du côté de l'armée franco-pontificale il y eut aussi des pertes regrettables à déplorer. En voici le chiffre :

Colonne de Courten. — Régiment de zouaves, 24 morts, 57 blessés, y compris le capitaine de Veaux tué, le lieutenant Jacquemont et le sous-lieutenant Dujardin, blessés.

Légion romaine, 6 blessés; carabiniers étrangers, 5 morts, 37 blessés. Parmi ces derniers, le commandant de Castella et le sous-lieutenant Deworsheck.

Artillerie, 1 mort, 2 blessés; dragons, 1 blessé.

Total, 30 morts et 103 blessés.

Colonne de Polhès. — 2e bataillon de chasseurs à pied, 6 blessés; 1er régiment de ligne, 2 blessés; 29e de ligne, 5 blessés; 59e de ligne, 2 morts, 22 blessés, 1 disparu.

Parmi les blessés, le capitaine Marambat et le lieutenant Blanc.

Chasseurs à cheval, 1 blessé.

Total : 2 morts, 1 disparu et 36 blessés.

Voici maintenant les réflexions que cette célèbre bataille suggère au général Kanzler :

« L'humanité de l'armée ne l'a cédé en rien à son courage. Les troupes de toutes armes, bien qu'exténuées par la fatigue de la route et par plus de quatre heures consécutives de combat, se mirent le soir même à la recherche des blessés et reprirent le lendemain le même service, transportant aux ambulances, avec les plus grands soins, aussi bien les garibaldiens que leurs compagnons d'armes.

« Tous ces malheureux ont reçu la même assistance et les mêmes traitements, non-seulement de la part des chirurgiens militaires et des infirmiers attachés à l'ambulance, mais encore de la part de l'héroïque et charitable madame Catherine Stone, de trois sœurs de Saint-Vincent-de-Paul et de MM. le docteur Ozanam, le vicomte Charles de Saint-Priest, Vergniaud, Benoît-d'Azy et de Luppé, qui s'étaient, dans ce but de dévouement, rendus pendant l'action même sur le champ de bataille.

« Je remplis un devoir de reconnaissance en signalant à Votre Sainteté le concours cordial et expérimenté ainsi que le courage de M. le général de Polhès, et qu'il soit permis d'ajouter le nom du colonel Frémont, comme s'étant particulièrement distingué par sa hardiesse et la justesse de son coup d'œil militaire.

« Je dois citer encore, dans la colonne française, le colonel Berger, du 59e de ligne, et le lieutenant-colonel du 29e, qui ont pris part, le premier à l'attaque de droite, et le second à celle de gauche.

« Dans les troupes pontificales, le général de Courten et son état-major, composé de MM. le capitaine Eugène de Maistre, le capitaine Pietramellara, le sous-lieutenant de Terves.

« Les chefs de corps, les officiers et les soldats ont tous bravement fait leur devoir, et il serait trop long d'énumérer les actes isolés de courage de chacun d'eux.

« Je ne puis cependant passer sous silence les noms de ceux qui, enflammés du noble désir de combattre pour la cause sacrée de Votre Sainteté, se sont adjoints comme volontaires à la colonne d'opération.

« Je dois citer en première ligne S. A. R. le duc de Caserte. Dès le commencement de l'invasion des États de Votre Sainteté, ce prince s'était mis à ma disposition, demandant à être placé aux points les plus périlleux. Dans l'expédition de Mentana, Son Altesse s'est acquis l'admiration de nos troupes par sa bravoure, son sang-froid et les preuves qu'elle a données de ses connaissances militaires. Les colonels Afan de Rivera et Ussani se sont montrés dignes de suivre leur noble prince.

« Le colonel de Sonnenberg, commandant la garde suisse de Votre Sainteté, faisait partie de son état-major; il a rendu d'utiles services en remplissant les simples fonctions d'officier d'ordonnance.

« Les lieutenants-colonels Caïmi, de l'artillerie, et Lepri, des dragons, ont suivi aussi la colonne, bien que les petites fractions de leurs corps qui en faisaient partie n'exigeassent pas leur présence, et certes ces officiers n'ont pas démenti en cette circonstance la glorieuse réputation qu'ils s'étaient acquise dans la campagne de 1860.

« Le lieutenant-colonel Carpegna, employé au ministère des armes, a rempli comme volontaire auprès de la colonne les fonctions d'officier d'état-major.

« Je dois enfin signaler le courage, l'activité et les bons services de mes officiers d'état-major :

« Le chef d'escadron Ungarelli, mon aide de camp; le capitaine François de Maistre; le capitaine de Bourbon-Chalus, et le capitaine de Maumigny.

« Je ne puis manquer de féliciter M. le sous-intendant Monari de son infatigable activité et de sa prévoyance à pourvoir la colonne de ressources précieuses.

« Je suis heureux de pouvoir conclure le présent rapport par l'assurance que les troupes pontificales, qui se sont montrées pendant toute cette campagne à la hauteur de la noble mission qui leur était confiée, s'empresseront de reprendre les armes avec une nouvelle ardeur chaque fois que les ennemis du saint-siége les rappelleront à de nouveaux combats. »

N'oublions pas de mentionner ici que la bataille de Mentana et la prise de Monte-Rotondo ont parfaitement établi que dans l'armée de Garibaldi se trouvaient, outre des volontaires, bon nombre de soldats de l'armée régulière. Il en est de même des canons placés autour de Mentana et de Monte-Rotondo.

En même temps que toutes les voix s'élevaient à Rome pour rendre hommage à l'héroïsme et à l'admirable dévouement des défenseurs de la papauté, les chefs garibaldiens criaient à la trahison de la part de leurs troupes. L'exposé de Menotti Garibaldi et d'autres officiers s'exprime ainsi : « Tous les officiers généraux et supérieurs ont payé de leur personne; mais *les germes de dissolution répandus dans le corps des volontaires par les agents des trois polices*, le défaut de munition, la mauvaise qualité des armes ont rendu la victoire impossible. » Dans son rapport, le général garibaldien Nicotera confirme ces faits de trahison et va même plus loin dans les aveux compromettants pour le drapeau rouge. Il déclare qu'il n'a pu exécuter l'ordre que lui avait donné Garibaldi d'occuper Tivoli par suite de l'*insubordination* de deux commandants de volontaires, nommés Bennotti et Antinori, qui ont « *déshonoré leur drapeau* par des actes de déprédation et d'infamie que des *brigands* rougiraient de commettre. »

Voilà ces hommes d'une *grandeur antique* dont Garibaldi célébrait par avance les hauts faits et les victoires. Pauvre général! Pauvres soldats!

En quittant Monte-Rotondo, que devint l'armée garibaldienne et son chef? Une lettre de son état-major va nous l'apprendre : « Le corps des volontaires se retira d'abord à Correse. On y resta toute la soirée du 3 et une partie de la matinée suivante, en disposant des postes avancés et en envoyant des éclaireurs sur la route exposée à l'ennemi. *Le 4, à huit heures du matin, le général décida la dissolution du corps des volontaires*, et, en ayant confié le soin au général Fabrizi, il franchit avec ses amis le Passo-Correse dans l'intention de se rendre à Caprera.

Nous verrons plus loin comment il en fut empêché. Mais auparavant nous ne devons pas priver le lecteur de la singulière proclamation adressée par Garibaldi aux Italiens, le lendemain de la défaite de Mentana. On verra comment le chef des chemises rouges s'entend à atténuer la vérité :

« Aux Italiens!

« L'intervention impériale et royale sur le territoire romain a enlevé à notre mission son objet spécial : la délivrance de Rome.

« En conséquence, nous nous disposions aujourd'hui à nous éloigner du théâtre de la guerre, nous appuyant sur les Apennins ; mais l'armée pontificale entièrement affranchie de la garde de Rome, et avec toutes ses forces réunies, nous a barré le passage.

« Nous avons été forcés de la combattre, et si l'on considère notre position, on ne trouvera pas étonnant que nous ne puissions pas annoncer à l'Italie un nouveau triomphe.

« Les pontificaux ont quitté le champ de bataille après avoir essuyé de très-graves pertes; nous en avons eu aussi de considérables.

« Nous allons maintenant rester spectateurs de la solution que notre armée et l'armée française donneront au problème romain, et, dans le cas où cette solution ne serait pas conforme aux vœux de la nation, le pays trouvera en lui-même de nouvelles forces pour reprendre l'initiative, et c'est lui-même qui résoudra la question vitale.

« G. GARIBALDI. »

La rentrée des troupes franco-pontificales à Rome, après la belle victoire de Mentana, fut triomphale. Les bravos et les acclamations sympathiques retentissaient de toutes parts.

Le lendemain, Sa Sainteté reçut le corps des officiers français, qui lui fut présenté par le général de Failly. Le vénéré Pontife remercia ses braves défenseurs. Il dit que l'Italie elle-même leur devait de la reconnaissance pour l'avoir délivrée des anarchistes qui osaient arborer le drapeau du vol et de la dévastation. Pie IX déplora que le gouvernement italien se fût servi de masses désordonnées comme avant-garde de ses projets d'invasion.

Il fit l'éloge de la valeur et de la fidélité de la petite armée pontificale qui avait défendu le lambeau de terre resté au Saint-Père pour exercer librement son autorité spirituelle.

Sa Sainteté ajouta que l'aide de la France était arrivée à propos pour couronner cette belle défense et Elle parla des démonstrations des catholiques de la France et du monde entier en faveur du Saint-Siége.

Les hôpitaux de Rome avaient reçu tous les blessés de Mentana, et soldats français, soldats pontificaux, aussi bien que garibaldiens, recevaient les mêmes soins. Le Saint-Père vint les visiter, et versait des larmes. Un des blessés, voyant la bonté du Saint-Père, dit à la sœur : « Ma sœur, malgré mes deux blessures, je courrais dans le feu pour lui. »

Quelques jours après on offrit une grande fête à Rome en l'honneur des vainqueurs de Mentana. La population ne savait comment témoigner sa reconnaissance à ses libérateurs et, des provinces, des adresses de dévouement arrivaient en grand nombre au Saint-Père. Une seule bataille avait suffi pour anéantir l'invasion révolutionnaire.

Nous avons vu que Garibaldi, après la dissolution des volontaires, se proposait de se retirer à Caprera. Mais il ne put réaliser ce projet. Le cabinet de Florence, qui lui avait facilité les moyens d'aller se faire battre à Mentana, ne trouva rien de mieux que de le faire arrêter après l'échec.

En conséquence, deux compagnies de bersagliers et vingt carabiniers commandés par un lieutenant-colonel se rendirent à la station de Figline pour exécuter les ordres du ministère. On craignait de soulever les Florentins en arrêtant le chef des volontaires dans la capitale. Voici, d'après une relation écrite par le député Crispi qui accompagnait Garibaldi, comment les choses se passèrent :

« A Figline, on fit arrêter le convoi, et le lieutenant-colonel des carabiniers, M. Camozzi, se présenta auprès du général Garibaldi, demandant à conférer avec le général seul. La station était militairement occupée par une division de bersagliers, sous les ordres du major Fiastri, et par un fort détachement de carabiniers.

« Peu d'instants après, le général descendit de wagon et nous tous aussi.

« On entendit alors le général Garibaldi dire à haute voix au colonel Camozzi :

« — Avez-vous le mandat régulier d'arres-
« tation?

« Le colonel répondit : « Non. J'ai seulement
« l'ordre d'arrêter. »

« Le général répliqua : « Alors vous commettez un
« acte illégal. Je ne suis coupable d'aucune hosti-
« lité contre l'Etat italien ni contre ses lois. Je suis
« député italien, général romain, élu par un gou-
« vernement légalement constitué et citoyen amé-
« ricain. Comme tel, n'ayant été pris en aucun
« flagrant délit, je ne puis pas être arrêté, et vous,
« et qui vous envoie, vous violez la loi. Mais je
« vous déclare que je ne céderai qu'à un acte de
« violence, et que si vous voulez m'arrêter, il vous
« plaira me transporter par force. »

« A ce moment, nous étions tous disposés à

défendre la personne du général, la loi et le bon droit.

« Le général déclara ne vouloir céder qu'à la violence dont on userait envers lui; il fut répondu par d'autres violences, qu'il ne consentirait jamais à un conflit avec des soldats italiens : « Ainsi, nous dit-« il, abandonnez toute pensée de résistance à main « armée. Si j'avais voulu, ajouta-t-il, résister les « armes à la main, j'aurais commencé par user de « celles que j'avais à ma disposition, au lieu de les « faire déposer à la frontière. Nous obéîmes. »

« Comme il s'était amassé beaucoup de monde, afin d'éviter toute collision et de faire cesser un spectacle si humiliant pour le pays, le député Crispi télégraphia deux fois au président du conseil des ministres, demandant une révocation des ordres, au nom de l'Italie, et affirmant que le général ne demandait qu'à retourner chez lui, à Caprera.

« On demanda au colonel Camozzi le délai nécessaire pour recevoir une réponse de Florence. Nous priions aussi le colonel de vouloir bien télégraphier à Florence pour appuyer notre demande.

« Le colonel Camozzi refusa positivement d'obtempérer à cette demande.

« Une heure environ s'était passée sans qu'il fût arrivé de réponse télégraphique de Florence. Le colonel des carabiniers déclara que le moment était venu d'exécuter les ordres reçus.

« Néanmoins la déclaration, plusieurs fois faite par le général Garibaldi, qu'il était fatigué, souffrant, épuisé par plusieurs jours de privations et de fatigues, et qu'il ne pourrait pas supporter la nouvelle et grave fatigue d'un nouveau voyage, ne purent le fléchir.

« Quatre carabiniers s'approchèrent du général, et le sous-officier qui le conduisait invita le général, au nom de ses chefs, à le suivre. Le général, persistant dans sa première résolution, fut enlevé par les carabiniers, emporté de la place où il était assis dans la salle d'attente, et transporté ainsi, au milieu du plus solennel silence de ses amis, jusqu'à la voiture qui lui était destinée.

« Le député Crispi, au nom de tous, protesta énergiquement contre la violation de la loi et contre l'insulte ainsi faite au plus grand citoyen de l'Italie.

« Il avait été permis seulement à sa famille et à ses domestiques de l'accompagner, mais son gendre Canzio resta seul avec lui.

« Dans le même compartiment s'assit le colonel Camozzi : de nombreux wagons de bersagliers et de carabiniers précédaient et suivaient celui où il était. »

On remarqua beaucoup le mot de Garibaldi se déclarant « citoyen américain. » Ce n'est sans doute pas à ce titre qu'il s'était arrogé le droit d'envahir le territoire pontifical.

De Figline, il fut conduit à la forteresse de Varignano, près de la Spezzia, et il y séjourna quelque temps; mais bientôt on annonça que sa santé souffrait de cette réclusion, et après la constatation de sa maladie par des médecins désignés à cet effet, le gouvernement ordonna de le ramener à Caprera. Garibaldi s'empressa de faire savoir qu'il n'avait fait aucune promesse.

Pendant quelques semaines, il fut question à Florence de traduire Garibaldi en jugement. C'était une idée absurde, car il aurait fallu aussi faire le procès aux ministres et à tous les fonctionnaires qui l'avaient assisté dans son entreprise révolutionnaire. Le cabinet de Florence a renoncé bientôt à cette maladroite fantaisie.

CHAPITRE VII

LA QUESTION ROMAINE EN FRANCE

Émotion produite en France par la nouvelle de la victoire de Mentana. — Le fusil Chassepot. — Ouverture de la session législative. — Le passage du discours de l'Empereur relatif à l'expédition française à Rome. — Sentiment unanime de répulsion contre les menées démagogiques. — Déclaration du roi de Prusse en faveur de la dignité et de l'indépendance du pape. — L'Angleterre et la question romaine. — Discours de la reine. — Les interpellations sur les affaires de Rome au Corps législatif et au Sénat. — M. Jules Favre et la gauche. — Mémorable discours de M. Thiers. — Solennelles déclarations de M. Rouher, ministre d'État. — La séance du 5 décembre et le vote. — Les défenseurs du saint-siége au Sénat. — Discours de M. de Moustier, ministre des affaires étrangères. — Le projet de la conférence. — Circulaire du gouvernement français. — Les affaires d'Italie dans l'Exposé de la situation de l'Empire. — Révélations du *Livre bleu*. — Clémence de la cour de Rome. — Le *Livre vert* et la politique italienne. — L'ordre du jour au Sénat de Florence. — Discussion confuse et désordonnée à la Chambre des députés italiens. — Un passage remarquable du discours de la reine d'Espagne. — Réclamations du cabinet de Florence. — Réponse énergique de l'Espagne. — Les témoignages de reconnaissance du Pape envers l'Empereur et la France. — La médaille militaire donnée aux troupes franco-pontificales de la campagne de 1867.

En France, la victoire de Mentana produisit dans le parti conservateur une vive et excellente impression. Les journaux garibaldiens de Paris, au contraire, ne dissimulèrent pas leur mécontentement et trouvèrent mauvais que le général de Failly eût fait connaître au ministre de la guerre que « les fusils

10

Chassepot avaient fait merveille. » Ces susceptibilités ne furent point admises par le patriotisme national, qui n'a jamais critiqué, pendant la guerre d'Italie, cette expression analogue : « Nos canons rayés ont fait merveille. »

La session législative s'ouvrait le 18 novembre et l'on pensait bien que l'Empereur parlerait dans son discours d'ouverture de la question romaine et de la seconde expédition française. Voici, en effet, en quels termes Napoléon III fit connaître sa manière d'envisager cet important sujet :

« Des agitations révolutionnaires, préparées au grand jour, menaçaient les États pontificaux. La convention du 15 septembre n'étant pas exécutée, j'ai dû envoyer de nouveau nos troupes à Rome, et protéger le pouvoir du saint-siége en repoussant les envahisseurs.

« Notre conduite ne pouvait avoir rien d'hostile à l'unité et à l'indépendance de l'Italie, et cette nation, un instant surprise, n'a pas tardé à comprendre les dangers que ces manifestations révolutionnaires faisaient courir au principe monarchique et à l'ordre européen. Le calme est aujourd'hui presque entièrement rétabl dans les États du pape, et nous pouvons calculer l'époque prochaine du rapatriement de nos troupes.

« Pour nous, la convention du 15 septembre existe tant qu'elle n'est pas remplacée par un nouvel acte international. Les rapports de l'Italie avec le saint-siége intéressent l'Europe entière, et nous avons proposé aux puissances de régler ces rapports dans une conférence et de prévenir ainsi de nouvelles complications. »

C'était, on le voit, aborder la question avec franchise et réfuter un mot malheureux du cabinet de Florence. L'Empereur déclarait, en effet, que « pour nous la convention existait tant qu'elle n'aurait pas été remplacée par un acte international. »

Le Souverain faisait allusion ici à la conférence dont la diplomatie s'occupait pour régler les affaires d'Italie et prévenir le retour d'une agression révolutionnaire.

Du reste, partout il se manifestait un sentiment de répulsion contre les menées démagogiques de la politique florentine.

Le roi de Prusse lui-même aborda, à l'ouverture des Chambres, la question romaine et ne dissimula pas son désir de répondre aux vœux des catholiques « pour le maintien de la *dignité* et de l'*indépendance* du chef suprême de l'Église. »

Comme la dignité et l'indépendance du pontife ne peuvent se concilier avec l'annexion des provinces du saint-siége, il est évident que le roi Guillaume voulait, par cette parole, enlever tout espoir d'assistance au gouvernement de Florence. C'est, en effet, ce qui a eu lieu.

Enfin, après le roi de Prusse et l'Empereur des Français, la reine d'Angleterre consacra dans le discours du trône, prononcé le 19 novembre, le passage suivant aux événements qui venaient de s'accomplir sur le territoire pontifical :

« Une bande de volontaires italiens, sans autorisation de leur propre souverain, ayant envahi le territoire pontifical et menacé Rome elle-même, l'Empereur des Français a cru devoir envoyer une expédition pour la protection du souverain pontife et de ses domaines. Ce but ayant été atteint, la défaite et la dispersion des volontaires ayant débarrassé le territoire pontifical du danger d'une invasion extérieure, j'ai la confiance que Sa Majesté Impériale pourra, par un prompt retrait de ses troupes, éloigner tout sujet possible de mésintelligence entre son gouvernement et celui du roi d'Italie. »

Ces paroles sont assez incolores; mais il ne faut pas oublier que le protestantisme anglais ne saurait être favorable à la grande cause du catholicisme.

Mais c'est surtout au Corps législatif que la question romaine et la seconde expédition française furent l'objet d'un solennel débat. La discussion s'ouvrit le 2 décembre, sur l'interpellation de M. Jules Favre et de plusieurs de ses collègues de la gauche. M. Jules Favre prit le premier la parole.

Certes, on ne pouvait demander au chef des opposants de se montrer impartial, ni même d'étudier avec modération le grand problème politique et religieux de la question romaine. On ne peut exiger l'impossible.

Mais du moins on devait espérer que la gravité de son mandat maintiendrait l'orateur dans les limites de la discussion loyale et qu'il respecterait dans le vénéré pontife le chef de la religion catholique.

L'exposé des événements de la Péninsule par M. Jules Favre était rempli d'erreurs, d'appréciations fausses, de déductions illogiques. C'est au point que le contempteur systématique de la papauté et de l'empire a osé dire que le pape prêchait la sédition et la désobéissance aux lois. C'est pousser la mauvaise foi jusqu'à l'absurde.

L'honorable M. Chesnelong répondit éloquemment à M. Jules Favre et établit avec un grand talent la nécessité du maintien du pouvoir temporel pour l'indépendance de la foi catholique. M. Jules Simon parla dans le même sens que M. Guéroult, tandis que M. le comte de La Tour défendit les intérêts catholiques.

Mais ce fut principalement le discours de M. Thiers et surtout les solennelles déclarations de M. Rouher, ministre d'État, qui transformèrent ce débat en un grand événement politique.

On ne saurait trop louer le remarquable discours de M. Thiers, où le spirituel et habile orateur mit tant de logique et de bon sens. L'ancien ministre parla du respect de la religion en véritable homme d'État, et l'assemblée entière applaudit lorsqu'il s'écria : « L'expédition de Rome a été une intervention contre une invasion odieuse et pour l'arrêter. »

On avait maintes fois signalé les germes de dissolution qui menacent l'unité de la Péninsule. M. Thiers, avec l'autorité de sa parole, confirma l'exactitude de ces menaces de décadence. « La Sicile, dit-il, est absolument détachée du gouvernement, Naples prête à s'insurger, Milan frémissante; Turin irritée parle ouvertement de briser l'unité italienne. »

Voilà le tableau vrai tracé de main de maître, et M. Thiers ne fut pas moins bien inspiré lorsque d'un mot il caractérisa la politique italienne : « La maison de Savoie, dit-il, chasse au faucon avec Garibaldi. » Le trait était admirable. Il a porté.

Cette séance du 5 décembre avait un caractère émouvant et grandiose. Les plus nobles illustrations se pressaient dans l'enceinte législative. On sentait qu'on touchait à une de ces résolutions politiques qui ébranlent ou affermissent les trônes.

C'est surtout au moment où l'orateur du gouvernement fit entendre les déclarations les plus nettes et les plus formelles en faveur du saint-siége que l'impression fut vive dans l'assemblée. Il faut citer ce passage mémorable du discours de M. Rouher.

« Nous le déclarons, dit-il, au nom du gouvernement français, L'ITALIE NE S'EMPARERA PAS DE ROME!... (Applaudissements sur un grand nombre de bancs). JAMAIS... (*Voix nombreuses :* Non, jamais! jamais!) JAMAIS la France ne supportera cette violence faite à son honneur et à la catholicité... (Nouveaux applaudissements.) Elle demande l'énergique application de la convention du 15 septembre, et si cette convention ne rencontre pas dans l'avenir son efficacité, ELLE Y SUPPLÉERA ELLE-MÊME. (Très-bien! très-bien! Applaudissements répétés). Est-ce clair? (Oui! oui! très-bien!)

« L'Italie trouverait la France sur le chemin de Rome le jour où elle voudrait envahir les États pontificaux. » (Marques très-nombreuses et très-vives d'approbation.)

Et ce n'est point encore assez aux yeux du ministre d'État. Il veut ajouter une nouvelle explication et remonte à la tribune :

« Lorsque j'ai dit Rome, j'ai parlé de la capitale du territoire actuel et *je comprends dans la défense du pouvoir temporel du pape le territoire actuel dans toute son intégrité.* » (Très-bien ! très-bien ! mouvement prolongé et applaudissements.)

Désormais donc plus d'incertitude. Une nation qui ne parle pas sans avoir la certitude de soutenir sa parole par son épée a affirmé en face de l'Europe que le pape, chef de la catholicité, roi de Rome et de l'État pontifical, serait maintenu et respecté dans la plénitude de son pouvoir temporel et spirituel. Quel que soit l'ennemi qui franchisse la frontière du territoire romain, qu'il porte la chemise rouge du garibaldien ou le chapeau du bersaglier italien, il sera repoussé. Jamais Victor-Emmanuel ne mettra les pieds au Capitole.

Le parti conservateur et religieux du Corps législatif s'unit dans un groupe compact de 238 voix pour acclamer la politique de l'intervention française à Rome, laissant la gauche dans un isolement de *dix-sept* voix. L'échec de l'opposition fut écrasant.

Au Sénat les interpellations sur les affaires de Rome avaient précédé celles du Corps législatif, et ce fut M. le baron Dupin qui prit le premier la parole dans la séance du 29 novembre. Son discours, ainsi que celui de S. Em. le cardinal de Bonnechose et celui du cardinal Donnet, plaida avec chaleur et conviction la cause du saint-siége.

M. Rouland prit à son tour la parole dans la séance du 30 novembre, mais à un point de vue différent. Mgr Darboy, archevêque de Paris, soutint éloquemment les intérêts français et religieux engagés dans la question de Rome, et M. de Moustier, ministre des affaires étrangères, fit ses débuts comme orateur du gouvernement par un discours auquel il donna comme conclusion le passage suivant d'une dépêche adressée trois jours auparavant par le cabinet des Tuileries au gouvernement de Florence. Voici ce passage :

« Quant à la question de l'évacuation, j'ai très-nettement expliqué à M. le ministre d'Italie notre sentiment, qui peut se résumer dans ces termes : Nous avons évacué la ville de Rome et renvoyé en France une division. Nous avons le plus sincère désir de rapatrier celle qui reste à Civita-Vecchia. Ainsi que nous l'avons dit déjà, la question est avant tout une question de sécurité.

« Il y aurait exagération à affirmer qu'une réunion prochaine de la conférence dût être prise comme base absolue de nos résolutions ; mais si elle n'était pas l'unique fondement de notre sécurité, elle en serait incontestablement l'élément principal. Cette considération doit inspirer au gouvernement italien le désir de voir les plénipotentiaires se réunir dans le plus bref délai possible. Nous ne doutons donc pas que ses efforts se combinent avec les nôtres dans ce but. »

On sait que cet espoir du ministre des affaires étrangères ne s'est pas réalisé. Loin de là, au sein de la chambre des députés de Florence, des attaques et des insultes furent lancées contre la France et son gouvernement. Le parti révolutionnaire, loin de déposer les armes, était tout-puissant au parlement. Le cabinet des Tuileries ne pouvait donc songer à rappeler les troupes du corps expéditionnaire. Le congrès n'a pu se constituer, et la Péninsule est toujours une sorte de Vésuve en éruption.

Cependant une circulaire fut adressée par le gouvernement français à ses agents diplomatiques en vue de constituer la réunion d'une conférence pour traiter la question romaine. Nous en publions le texte à la fin du volume.

Le gouvernement français ne se contenta point de manifester ses fermes résolutions, au sujet du maintien du pouvoir temporel, à la tribune du Corps législatif et au Sénat. Dans *l'Exposé de la situation de l'Empire* au chapitre des affaires étrangères il avait présenté sous son véritable aspect révolutionnaire l'invasion garibaldienne.

Citons un passage de cet Exposé :

« Lors de la formation du ministère du 10 avril, dit le gouvernement français, nous avons redoublé d'insistance auprès du nouveau président du Conseil, en appelant son attention sur les faits inquiétants qui se multipliaient chaque jour.

« Les assurances que nous avons reçues étaient tellement positives et réitérées que nous eussions eu mauvaise grâce à ne pas les accueillir avec une satisfaction marquée. Nous regrettions néanmoins de voir le gouvernement du roi tarder à prendre certaines mesures préventives qui, en arrêtant les préparatifs du mouvement, eussent tout d'abord découragé les meneurs et détruit l'espoir qu'ils semblaient mettre dans une attitude passive des autorités. Leur langage et celui de leur chef donnait au contraire une publicité audacieuse à leurs projets, et l'Italie assistait au spectacle affligeant d'un parti se plaçant ouvertement au-dessus de l'autorité des lois et foulant aux pieds les engagements internationaux sanctionnés par le parlement.

« Toutefois le gouvernement italien reconnut la nécessité de former autour des Etats pontificaux un cordon de troupes destiné à empêcher l'invasion imminente du territoire romain par les bandes organisées sur le sol italien.

« Nous le pressions de faire plus et d'attaquer le mal dans sa source en dissolvant les bureaux d'enrôlements, que leur clandestinité ne devait pas soustraire à sa vigilance. Les volontaires, entrés d'abord isolément, traversaient la frontière en groupes de plus en plus nombreux. Partout repoussés par les troupes pontificales et par les populations elles-mêmes, ils se reformaient derrière les troupes royales pour renouveler leurs attaques.

« La convention du 15 septembre perdait évidemment chaque jour le caractère d'efficacité sur lequel nous avions compté. Le cabinet de Florence nous le déclara bientôt lui-même, et nous annonça qu'il croyait être dans la nécessité de faire avancer ses troupes sur le territoire pontifical pour y rétablir l'ordre. Un mouvement de concentration s'opérait simultanément au sein de l'armée italienne qui, rompant le cordon établi sur la frontière pour se former en colonnes, donna de nouvelles facilités à l'invasion.

« Nous dûmes demander au gouvernement italien de rétablir par des actes décisifs notre confiance justement ébranlée, et laisser entendre que nous serions incessamment obligés d'aviser. »

On sait que le seul argument qui fut compris à Florence fut l'envoi d'un corps expéditionnaire, et que la victoire de Mentana contribua plus qu'aucune réclamation à engager l'Italie à rappeler ses troupes du territoire pontifical. C'est surtout lorsqu'on a affaire aux hommes d'État de Florence qu'il faut des actes et non des paroles. Eux, au contraire, parlent beaucoup et agissent peu.

Mais ce n'est pas seulement dans l'*Exposé de la situation de l'Empire*, de 1867, qu'il faut chercher les traces de la question romaine. Ce grand événement politique devait aussi occuper une large place dans le recueil des documents diplomatiques, appelé aussi le *Livre bleu.* Ce recueil, distribué aux Chambres, renferme près de cinquante dépêches sur les affaires de Rome échangées entre Paris, Florence et Rome.

On comprend qu'il ne nous soit pas possible de reproduire ni même d'analyser ce vaste dossier. Du reste il ne ferait que confirmer ce que nous avons déjà prouvé surabondamment, c'est-à-dire d'un côté la complicité du cabinet Ratazzi avec les garibaldiens, de l'autre la vigilance du cabinet des Tuileries et sa ferme volonté de faire respecter sa signature au bas de la convention du 15 septembre.

Nous ne prendrons dans ce volumineux recueil qu'une seule dépêche qui prouve que la bonté et la mansuétude de la cour de Rome dépassent encore la mauvaise foi et la haine de ses ennemis. Après Mentana et la retraite des troupes italiennes, le gouvernement fait prier le saint-siége de ne pas sévir contre ceux qui auraient pu céder aux suggestions des envahisseurs, et aussitôt le chargé d'affaires de France à Rome transmet cette dépêche au ministre des Affaires étrangères :

« Rome, le 6 novembre 1867.

« Le cardinal Antonelli a appris avec une vive satisfaction la retraite des troupes royales et l'arrestation de Garibaldi. J'ai trouvé Son Excellence disposée à user de clémence. Personne ne sera recherché pour les plébiscites, que le gouvernement pontifical considère comme étant le résultat de faux scrutins. »

Pour nous servir du langage révolutionnaire, on voit que les robes rouges valent mieux que les chemises rouges.

Mais c'est aussi dans le *Livre vert italien* (recueil des documents diplomatiques), et surtout dans les discussions des chambres à Florence qu'on vit éclater les contradictions, les ambiguités et les tendances ambitieuses de la politique italienne.

D'abord le cabinet de Florence réclame au sujet de la légion d'Antibes. Il ne fut pas difficile au gouvernement français de prouver à l'Italie que ses réclamations n'étaient nullement fondées. Puis, au mois de septembre, des mouvements révolutionnaires se manifestant sous l'influence de l'Italie elle-même, M. Ratazzi enjoint à M. Nigra de se rendre à Biarritz pour exposer l'état des choses, *afin de prévenir une occupation française qui pourrait causer les plus grands malheurs*.

Ainsi parle M. Ratazzi, et il avait raison, car cette occupation française qu'il redoutait lui a causé la perte de son portefeuille; mais ce n'est là qu'un petit malheur.

M. Nigra voit l'Empereur; mais Sa Majesté ne promet rien et se contente de déclarer que, « dans le cas de nouveaux événements, son gouvernement s'abstiendra de prendre des résolutions et des mesures sans s'être mis d'abord en rapport avec le gouvernement du roi et avoir essayé de se mettre d'accord avec lui ».

Mais à quoi bon insister sur ces souvenirs rétrospectifs? Le *Livre vert*, loin de disculper, accuse à chaque page la politique italienne. Il nous montre le gouvernement italien, notre ancien allié de Solferino, s'adressant à Londres, à Berlin, à Saint-Pétersbourg pour obtenir que les trois puissances exerçassent sur la France une pression de nature à empêcher l'intervention. L'Angletere, la Prusse et l'Autriche ont répondu par un refus, et en cela elles ont agi avec sagesse. Fermons donc ce recueil, qui devait être complété par les curieux renseignements publiés par le ministère Menabrea et qui jette un si singulier jour sur les faits et gestes de M. Ratazzi dans cette période.

Le même désarroi, les mêmes preuves d'impuissance se retrouvent dans les discussions du parlement italien. Au sénat de Florence, on vit se produire. comme réponse aux solennelles paroles de M. Rouher, un ordre du jour ainsi conçu : « Le sénat prend acte des déclarations du ministère, et, convaincu que, dans la question romaine, on maintiendra la dignité et les droits de l'Italie, passe à l'ordre du jour. »

Le sénat italien vota à l'unanimité cet ordre du jour proposé par M. Torrearsa, oubliant qu'il se donnait un démenti à lui-même, puisque les sénateurs ont ratifié la convention du 15 septembre, qui déclare Florence capitale de l'Italie et le territoire pontifical inviolable.

A la chambre des députés la musique varie, mais la chanson est la même. C'est le 9 décembre que la question romaine fut abordée au palais de la Signoria, et bien habile serait celui qui pourrait résumer cette longue série de discours incohérents, étranges, cette discussion à bâtons rompus, sans suite, sans élévation, sans portée pratique. Par le décousu, le désordre et la confusion qui régnaient dans les discours on pouvait juger du désordre qui régnait dans les esprits.

Un ancien ministre de l'intérieur, M. le docteur Lanza, membre un peu effacé du parti conservateur, est appelé à la présidence de la chambre. Dans son discours d'ouverture, il prononce une sage parole : « Nous devons, dit-il, inspirer confiance par notre organisation intérieure. » Mais aussitôt il sacrifie, lui aussi, à la forfanterie italienne et s'écrie : « Tenons haut le drapeau de notre droit. Qu'on ne cherche jamais à le fouler aux pieds. »

Cette vaine bravade porte à faux, car c'est l'Italie, au contraire, qui viole le droit international et foule aux pieds les engagements les plus sacrés.

M. Sella prit la parole pour le fameux ordre du jour au sujet de Rome capitale. M. Sella est un ancien ministre des finances qui tenait sans doute à prouver que ses théories politiques étaient aussi nuageuses que ses théories financières ont été stériles. Il faut citer textuellement son ordre du jour :

« La chambre, immuable dans sa pensée et dans son programme national, a la confiance que par le progrès, et au moyen de l'organisation intérieure, Rome acclamée capitale par l'opinion nationale sera réunie à l'Italie, et passe à l'ordre du jour. »

Que signifiait, nous le demandons, cette équivoque perpétuelle et cette obstination de venir nous parler d'obtenir Rome par le *progrès et l'organisation intérieure* au lendemain du jour où le gouvernement de Florence a ouvertement favorisé l'invasion du territoire pontifical par les troupes garibaldiennes?

Mais voici le président du conseil. M. Menabrea repousse avec raison l'ordre du jour de M. Sella, et pose à l'assemblée ce dilemme irréfutable : « Voulez-vous aller à Rome avec la violence ou par les moyens moraux? Je crois que la solution de cette question a été retardée par la violence. Messieurs, entendons-nous sur la question du Souverain-Pontife. Je demande à la gauche ce qu'elle fera du pape? Voulez-vous sauvegarder sa dignité, son indépendance, ou voulez-vous qu'il soit un esclave? »

On le voit, le gouvernement italien, par l'organe du président du cabinet, n'osa pas affirmer que, si Victor-Emmanuel siégeait au Capitole, le chef de la catholicité ne serait pas un esclave.

La discussion se poursuit. Le député Villa parle dans le sens des exaltés, et cependant l'évidence des faits lui arrache cet aveu : « L'Italie et le pape ne peuvent pas exister ensemble. » Naturellement il sacrifiera la papauté. Un autre orateur, dans un accès de franchise, s'écrie : « L'Italie joue aux portes des puissances de l'Europe le rôle d'une mendiante méprisée. » Restons sur ce mot.

Du reste, l'odieuse invasion garibaldienne a produit un tout autre effet que celui que se promettaient les ennemis du catholicisme. Partout s'est manifesté un redoublement de sympathie et de dévouement pour le saint-siége et son chef vénéré. Mais nulle part ce zèle n'a été plus ardent qu'en France et en Espagne.

Ainsi, à l'ouverture des Cortès, le 27 décembre 1867, S. M. la reine Isabelle ne manqua pas, dans le discours d'ouverture, d'exprimer son sentiment sur l'agression dont le territoire pontifical avait été l'objet. Voici ce passage du discours royal :

« A l'occasion des tristes et récents événements qui, en Italie, ont menacé pendant quelques jours la sûreté des possessions et même la personne du pape, l'Espagne a pu, comme en d'autres circonstances, user à l'égard du pontificat de l'initiative, et prendre l'attitude qui convient à une nation éminemment catholique.

« L'Espagne a donc offert à notre ami et allié l'Empereur des Français notre coopération morale, et au besoin le concours de nos forces, dans le cas où il deviendrait nécessaire de les employer pour la défense des droits légitimes du saint-siége.

« Invité à prendre part à une conférence européenne pour garantir d'une manière stable ces intérêts si légitimes, mon gouvernement, interprète fidèle des sentiments les plus enracinés de la nation, n'a pas hésité à accepter une proposition si satisfaisante. »

Ces déclarations, si précises et si formelles, produisirent une fâcheuse impression au palais Pitti, et il fut même décidé qu'on adresserait une note diplomatique au gouvernement de Florence. La note fut envoyée; mais la réponse de Madrid ne s'est pas fait attendre, elle est telle qu'on devait l'attendre de la catholique Espagne.

Le cabinet de Madrid déclare que sur la question romaine il partage complétement la manière de voir de la couronne, et que, quelle que soit la nature des insinuations contenues dans la note italienne, le gouvernement espagnol est prêt, si l'occasion le réclame, à offrir et à donner son concours pour la défense du pouvoir temporel du saint-siége.

La note ajoute que « le discours ne s'occupe nullement des affaires de l'Italie, mais exclusivement de ce qui a rapport aux intérêts du Saint-Père, et que sur cette question l'Espagne suit une politique traditionnelle, dont elle n'a point du tout l'intention de s'écarter. »

En somme, le gouvernement italien n'a que ce qu'il mérite, et il aurait fort à faire s'il voulait empêcher les souverains et les peuples de qualifier sa conduite dans les derniers événements.

Que pourrions-nous ajouter à ce récit impartial de l'unique agression commise contre le saint-siége? L'Europe n'ayant pas cru devoir réaliser l'œuvre de la conférence, et l'Italie restant dans son attitude moralement hostile, la France maintient à Civita-Vecchia et à Viterbe son drapeau protecteur.

Le Saint-Père ne laisse échapper aucune occasion de remercier ses courageux défenseurs, et naguère.

en recevant la garde des volontaires romains, Sa Sainteté prononça les paroles suivantes :

« Au milieu de tant de misères qui nous environnent, parmi tant d'angoisses que suscite le démon pour exercer notre patience et pour troubler la paix des bons, misères et angoisses qu'il vaut mieux indiquer en général que de les énumérer, c'est pour Nous une grande consolation de voir, entendre et lire deux choses, deux choses qui sont l'étonnement de toute l'Europe : savoir, la fidélité et l'héroïsme de nos troupes, et le sincère attachement des sujets pour le saint-siége et pour le Vicaire de Jésus-Christ, si indigne que soit actuellement ce Vicaire.

« Vous réunissez ces deux titres de soldats et de sujets ; vous êtes soldats par occasion et sujets par votre sincère dévouement.

« Que Dieu donc soit béni ! Dieu qui compatit à nos tribulations présentes, qui rassure notre faiblesse, et qui ne nous fait boire qu'avec mesure dans ce vase d'amertume : *potum dabis in lacrymis*, mais *cum mensûra*. Je le prie de vouloir bien répandre sur vous ses grâces spéciales. Que vous retrouviez dans vos familles l'affection que vous portez au Père commun des fidèles. Je prie Dieu de vous accompagner de ses bénédictions et de confirmer en vous les sentiments que vous avez manifestés en ces jours par vos sacrifices. Que Dieu donc vous bénisse dans votre corps, dans votre âme, dans vos biens, dans vos peines, dans vos travaux, afin que, bénis dans le temps, vous soyez rendus dignes de le bénir pendant toute l'éternité ! »

Mais c'est particulièrement lors de la réception qui a eu lieu le 1er janvier, au Vatican, que le Saint-Père s'est montré plein de gratitude pour l'Empereur, la France et l'armée.

Le pape a exprimé au général de Failly et à la députation d'officiers de l'armée et de la marine, les sentiments les plus reconnaissants pour Napoléon III et la nation française.

Sa Sainteté, répondant aux félicitations du général, a rappelé qu'Elle avait déjà manifesté dans le dernier consistoire sa gratitude à *l'égard de la noble et généreuse France, de sa vaillante armée et de son auguste souverain.*

Pie IX a ajouté qu'il se plaisait à remercier de nouveau la nation très-chrétienne qui témoigne au saint-siége une sollicitude filiale. Et pour donner plus de prix à ces cordiales paroles, Sa Sainteté s'est servi de la langue française ; puis Elle a béni l'assistance.

Ajoutons en terminant que pour conserver le souvenir de cette glorieuse expédition, le gouvernement pontifical a institué une médaille militaire dite de *la campagne de* 1867, à laquelle auront droit l'armée du Saint-Père et les soldats français du corps expéditionnaire.

Elle représente d'un côté le pape Pie IX, et de l'autre la croix renversée de saint Pierre, avec cette légende :

Fidei et virtuti.
Resurget fulgentior.

Un ruban bleu supportera ce précieux gage de la seconde expédition française à Rome.

CHAPITRE VIII

ROME, FLORENCE ET NAPLES

Coup d'œil sur la situation des États pontificaux et du royaume d'Italie. — Calme et tranquillité des provinces romaines. — Manifestations sympathiques à l'égard du pape. — Élan général de l'Europe en faveur du saint-siége. — La souscription pour l'armée pontificale. — Le roi de Prusse et ses sujets catholiques. — La question de la nonciature prussienne à Berlin. — Pie IX, défenseur de la Pologne. — Une lettre autographe de Napoléon III au pape. — Le roi de Hollande et le soldat du pape. — Travaux de défense de la ville de Rome. — Clémence du Saint-Père. — Le carnaval à Rome. — Réformes et améliorations. — Défrichement de la campagne romaine. — Un mot de l'évêque d'Orléans. — Les défaillances de l'Italie unitaire. — La pénurie financière. — Crise ministérielle et anarchie parlementaire. — Un aveu du journal le *Diritto*. — Une naïveté garibaldienne. — La situation des provinces méridionales. — Mécontentement général. — Les révélations du *Sémaphore*. — Scission entre Naples et Florence. — Un extrait de la correspondance de *la Gazette de France*. — Les éléments de dissolution de l'unité italienne. — La répression en Sicile. — Une adresse à François II. — Réponse de l'ex-roi de Naples. — Le système des vice-royautés. — Son impuissance. — Une action blâmable. — Les provinces méridionales jugées par un témoin oculaire. — Une nouvelle adresse à François II. — Qui trop embrasse mal étreint.

Nous venons de voir l'odieuse invasion italienne écrasée et anéantie. Nous venons d'assister à cette tentative à la fois déloyale et violente qui a tourné à la confusion de ses instigateurs. Pour achever le tableau et mettre en relief les conséquences morales des événements, jetons un rapide coup d'œil sur la situation des deux pays depuis la glorieuse victoire de Mentana.

A Rome et dans les États pontificaux règne le plus grand calme. Délivrée de la terreur d'une armée de pillards, la population des États romains a senti grandir son attachement pour le gouvernement paternel du saint-siége. Dans la capitale et les provinces, les manifestations sympathiques en faveur du pontife se multiplient.

Mais ce ne sont pas là les seuls motifs de satisfaction qui viennent consoler le chef de la catholicité. Jamais il ne s'était manifesté dans l'Europe un courant d'opinions aussi ardent en faveur de l'indépendance du saint-siége. En France, la souscription ouverte pour l'armé pontificale a dépassé, en quelques mois, *sept cent mille francs*. La presse catholique et conservatrice a redoublé de zèle pour la cause pontificale. Les écrits, les ouvrages de polémique favorables à la papauté se multiplient. En un mot, le péril couru par le saint-siége a eu pour effet de raviver la vigilance et l'affection de tous les esprits religieux, et la papauté est sortie non-seulement victorieuse, mais encore plus affermie de la crise révolutionnaire.

Et ce fait est si vrai, que les souverains non-catholiques eux-mêmes s'efforcent de donner à Pie IX des preuves de déférence et de respect. Le roi de Prusse qui, dans un discours mémorable et dont nous avons déjà parlé, s'était prononcé en faveur de l'indépendance du pontife, a fait renouveler ces déclarations par le représentant de la Confédération allemande qui vient d'être accrédité auprès du saint-siége.

Ce n'est pas tout. Le roi Guillaume, comme preuve de ses dispositions en faveur de ses sujets catholiques, sollicite auprès du saint-siége l'établissement d'une nonciature à Berlin. Bien plus, le roi de Prusse se montre disposé à conclure un concordat avec la cour pontificale et verrait même avec plaisir que la légation de Rome fût érigée en ambassade.

De son côté, l'empereur de Russie est en instance pour obtenir de Pie IX l'installation, à Rome, d'un plénipotentiaire. Mais l'auguste pontife, qui ne perd jamais de vue sa noble mission, exige, avant d'accéder aux désirs du czar, le retrait des ukases lancés contre l'Église de Pologne et contre le libre exercice du culte catholique dans les différentes parties de l'empire russe; il exige en outre le retour de Monseigneur Felinski et autres membres de l'épiscopat et du clergé dans leurs diocèses respectifs.

Du côté de la France, on sait que jamais les relations entre Paris et Rome ne furent plus cordiales ni plus affectueuses. Un fait suffira à en indiquer le caractère. On sait que c'est à S. M. Napoléon III que Pie IX a envoyé cette année le chapeau et l'estoc bénits, comme au souverain qui avait rendu le plus de services à la cause du saint-siége.

L'empereur des Français a remercié le pontife par une lettre autographe conçue dans les termes les plus affectueux. Sa Majesté promet de se servir de cette épée pour la défense du saint-siége, ainsi que l'ont fait d'autres souverains français, ses prédécesseurs.

Le pape s'est montré charmé de la lettre impériale. Il l'a communiquée aux cardinaux, et l'auguste pontife ne perd jamais l'occasion de témoigner sa gratitude et son affection pour la famille impériale de France.

Veut-on encore un exemple de l'attitude de déférence des souverains de l'Europe — l'Italie exceptée — à l'égard du saint-siége? Il s'agit du roi de Hollande, et nous empruntons ce récit à un recueil intitulé : *les Études* :

« Un jeune Hollandais n'avait pas de quoi payer son voyage. Il trouve moyen de faire parler au roi lui-même. Sa Majesté eut le cœur assez grand pour ne pas refuser et pour accompagner son aumône de ces belles paroles : « Si j'étais dans la position où se trouve le pape, j'aimerais aussi qu'on vînt à mon secours » Et c'est un souverain protestant qui tient ce langage.

« Deux autres volontaires crurent convenable de demander au roi la permission de partir : « Allez, mes enfants, leur dit le prince, je ne veux pas vous retenir. Mais s'il y a quelque chose par ici et que j'aie besoin de vous, comment ferai-je? — Sire, télégraphiez, et nous accourrons vous défendre. — C'est bien : vous êtes des braves, vous ressemblez à celui que j'ai là dans mon portefeuille. » Et Sa Majesté tira le portrait de Pierre Joug, le cultivateur de Lujebcock, le géant de Monte-Libieti. Enfin, le roi, charmé du patriotisme et du dévouement de ces deux jeunes gens, leur fit cadeau de sa montre, en leur demandant de se souvenir de lui. »

Une cause qui inspire de tels respects ne peut être qu'une cause noble et juste.

Mais ce n'est pas seulement au point de vue moral

que le siége de la catholicité se fortifie. Sur les conseils de la France, Rome et Civita-Vecchia ont vu s'accroître leurs moyens de défense. Des travaux importants de fortification ont été accomplis, et l'armée pontificale s'étant accrue dans de fortes proportions, la sécurite des États romains est complète. La Hollande et la Belgique seules comptent plus de 2,300 volontaires dans l'armée du Saint-Père.

Aussi le cœur de Pie IX, toujours ouvert à la clémence, après avoir veillé aux intérêts dont la défense lui est confiée, n'attend plus que le moment favorable pour proclamer une large amnistie en faveur des personnes compromises dans les derniers événements. Le pape, on ne saurait trop le répéter pour confondre les allégations mensongères des feuilles italiennes, est le père plus encore que le souverain de son peuple. Ceux qui parlent de la tyrannie pontificale n'ont jamais mis les pieds dans les États romains, ou avancent des faits dont ils connaissent eux-mêmes la fausseté.

C'est ainsi que dans cette ville de Rome, qu'on représente comme courbée sous la férule cléricale, un esprit de tolérance permet les joyeuses fêtes du carnaval, et nous devons ajouter que les récréations et les promenades du *Corso* se sont passées cette année sans occasionner le moindre désordre. Nulle part on n'a eu à regretter le plus léger trouble. Les provocateurs révolutionnaires ont compris que le temps n'était pas favorable aux manifestations garibaldiennes.

Du reste, la sollicitude du gouvernement papal s'applique avec la plus louable sollicitude à améliorer, autant qu'il est en son pouvoir, le sort des populations, et, hâtons-nous de le dire, la condition des Romains, exempts de la conscription et peu surchargés d'impôt, est de beaucoup préférable à celle des sujets de Victor-Emmanuel.

L'une des plus récentes innovations réalisées par Pie IX a trait au défrichement de la campagne romaine. Voici les détails qui sont fournis à ce sujet par un correspondant de *l'Union :*

« Les Trappistes ont définitivement pris possession, ces jours derniers, de l'abbaye des Trois-Fontaines, qui leur a été si bienveillamment concédée par le souverain pontife. Les Frères mineurs observantins leur ont consigné les lieux, et trois religieux trappistes, qui se trouvaient de passage à Rome, sont allés s'installer dans cet ancien couvent de leur ordre d'où est sorti le pape Eugène III, et où est demeuré, à plusieurs reprises, l'illustre saint Bernard. Dans quelques jours, d'autres religieux arriveront de France avec tout ce qui est nécessaire pour restaurer et assainir les lieux et les mettre en état de recevoir toute une communauté.

« Comme partout ailleurs, les Trappistes se livreront au travail des mains, et principalement aux travaux agricoles. On connaît les excellentes méthodes dont ils se servent et les succès vraiment merveilleux qu'ils obtiennent partout ; aussi leur arrivée sera-t-elle une excellente fortune pour cette campagne romaine dont la culture est si variée et l'objet de tant d'observations et de critiques.

« Le problème de la possibilité du défrichement de la campagne romaine va donc être sérieusement posé, et la solution en sera confiée à des mains expertes et habiles qui ont fait leurs preuves en maintes contrées. Tous les hommes de cœur et d'intelligence suivront avec le plus grand intérêt l'entreprise de ces bons cisterciens, dont le succès pourra avoir d'incalculables portées pour le bien-être et l'amélioration des populations peu aisées de la campagne romaine. »

Faut-il s'étonner, après cela, que chaque fois que Pie IX se montre dans les rues de Rome, Sa Sainteté soit l'objet des démonstrations les plus sympathiques et les plus affectueuses? Mgr Dupanloup, l'éloquent évêque d'Orléans, avait donc raison de dire, dans sa *Lettre à M. Ratazzi* : « Il est prouvé que les Romains aiment le pape et ne vous aiment pas. »

Voilà donc la situation à Rome : Calme général, confiance dans le gouvernement paternel du saint-siége, antipathie profonde pour les manœuvres des révolutionnaires semant sur leur passage le désordre et la ruine, élan chaleureux de l'Europe catholique en faveur de l'indépendance du pape, résolution énergique de la France de ne *jamais* permettre aux Italiens de violer le territoire pontifical.

A ce tableau si rassurant opposons un autre tableau beaucoup moins favorable. A la consolidation des institutions pontificales donnons, comme pendant, le spectacle des défaillances de l'Italie entraînée par le parti révolutionnaire. De Rome passons à Florence.

Et tout d'abord nous tenons à protester contre toute tendance de dénigrement systématique. La situation de ce malheureux pays est assez triste pour qu'il ne soit pas nécessaire d'exagérer encore les sombres couleurs de la peinture.

Au moment où Garibaldi organisa le mouvement envahisseur contre les États pontificaux, la situation de l'Italie n'était rien moins que favorable. Custozza et Lissa avaient humilié son orgueil militaire et avaient excité, entre les divers chefs politiques, une désunion qui permit à M. Ratazzi d'arriver à la présidence du conseil.

Le crédit de la Péninsule était mort depuis longtemps. La banqueroute se présentait comme une inévitable catastrophe. En s'alliant avec la Prusse, la cour de Florence avait fait douter de la fidélité de son alliance avec la France.

Mais si la situation était difficile avant l'invasion, elle allait devenir terriblement plus grave après l'échec des chemises rouges et l'insuccès de cette violation de la convention du 15 septembre.

Aussi, depuis lors, nous assistons à l'anarchie la plus complète au-delà des Alpes. Que voyons-nous à Florence? Un ministère renversé par la chambre et un président du conseil qui parvient à grand' peine à organiser un cabinet sans homogénéité et sans couleur politique. Quelle est sa ligne de conduite? On l'ignore, le général Menabrea n'ayant pas encore développé son programme.

Au point de vue financier, le royaume italien est sur les bords d'un abîme. Les révolutions coûtent cher, et les documents diplomatiques nous ont appris le chiffre des dépenses occasionnées par l'équipée garibaldienne. De l'aveu des feuilles ministérielles de Florence, le déficit pour l'année serait de 330 millions; et encore, qui peut dire que ce chiffre ne soit pas au-dessous de la vérité? Aussi les feuilles italiennes elles-mêmes ne peuvent dissimuler leur mécontentement. Écoutons le *Diritto*, feuille de nuance garibaldienne :

« Le pays, qui a donné déjà des preuves d'une patience illimitée, qui a entendu de nombreux ministres des finances lui demandant d'immenses sacrifices pour remettre le budget; le pays, qui a été toujours trompé et qui n'a vu qu'une augmentation perpétuelle de dettes et de ruines; le pays, qui a payé d'avance les impôts, qui s'est soumis au cours forcé, toujours crédule aux promesses du gouvernement, et qui ensuite a vu durer toujours la même douloureuse histoire de lois mauvaises, de dépenses folles, etc.; le pays, disons-nous, a le droit sacré de ne plus tirer un sou de sa poche s'il n'a pas vu voter d'avance les économies. »

Il est vrai que le brave Garibaldi a trouvé le secret de la détresse financière de l'Italie : « Comment voulez-vous, écrit-il à un de ses amis, qu'on ôte les richesses du pape, quand les *Paolotti* de Florence viennent d'envoyer 1,600,000 fr. à la *négromancie*? » Ce qui prouverait que le vrai peuple italien n'est nullement hostile à la Papauté. On le savait; mais il est curieux d'entendre l'homme de Caprera confirmer le fait.

Du reste, pour rétablir l'équilibre et faire contrepoids aux dons des catholiques italiens au 1er janvier 1868, le gouvernement italien a carrément refusé de payer le semestre des moines et prêtres qui ont des cédules de pension, par suite de la liquidation des biens ecclésiastiques. Un député a interpellé là-dessus, à l'une des dernières séances de la chambre. On a répondu : « C'est une équivoque. »

Voilà comment on entend l'équité au-delà des Alpes !

Et c'est lorsque le gouvernement en est réduit à de pareils expédients qu'il songerait à une expédition dans la Plata ! Il serait plus prudent de songer à la situation de la province de Naples et des Deux-Siciles, où le mécontentement et l'antipathie pour les institutions italiennes ont atteint le dernier degré.

On ne peut, en effet, se le dissimuler plus longtemps, le midi de l'Italie paraît vouloir rompre avec l'unité. « Les lettres qui arrivent de Palerme, lisons-nous dans les journaux, font prévoir comme imminente l'insurrection dans la Sicile. L'irritation et la misère sont au comble à Naples. »

La Presse dit que la situation est exactement la même que les jours qui précédèrent l'entrée de Garibaldi sur le territoire napolitain et la grande insurrection de 1868, pendant laquelle Palerme resta trois jours aux mains des insurgés.

Et ces symptômes, les feuilles révolutionnaires les plus italianissimes sont forcées de les constater : « Ce qu'il y a de vrai à dire, écrit-on de Naples au *Sémaphore de Marseille*, et qu'on ne saurait nier sur la situation matérielle et morale des provinces méridionales, c'est un *mécontentement*, une fatigue, un *épuisement général*. » Et le correspondant du journal ajoute plus loin ces aveux accablants : « Les vraies causes des maux actuels de l'Italie ne sont pas du tout dans l'établissement de l'unité; elles tiennent à une foule d'autres raisons : aux luttes le plus souvent personnelles des représentants des différents partis, — au manque d'hommes capables de résoudre les difficultés, particulièrement économiques et financières, que la révolution a fait surgir, — à l'incurie et à la mauvaise organisation des diverses administrations, — au gaspillage des ressources du pays, sans aucun emploi intelligent ou utile, — à l'inconsistance des hommes et des opinions politiques, — à l'absence de justice et d'équité dont je parlais tout à l'heure, etc., etc. » Écrites par un unitaire, les lignes qu'on vient de lire ont une portée qui n'échappera à personne.

Revenons à la scission de plus en plus marquée entre Naples et Florence. Une lettre, adressée de Florence à *la Gazette de France*, jette sur cet état de choses un nouveau jour. Écoutons le correspondant :

« La situation de la Sicile est maintenant l'objet principal des préoccupations de la *Consorteria*. Les nouvelles qui arrivent de l'île sont telles, que tout remède paraît impossible. Il ne s'agit ni d'un fait, ni d'une conspiration : il s'agit de tout un pays réduit au désespoir, qui ne veut ni ne peut souffrir davantage. Les unitaristes sont parfaitement disposés à bombarder et incendier encore une fois, s'il le faut, et c'est là précisément ce que recommandent les députés siciliens appartenant à la *Consorteria*.

« Mais il y a un moment où la conscience des honnêtes gens trompés ou illusionnés se révolte, et ce moment paraît approcher. On commence, en effet, à se demander à quel résultat pourront aboutir de nouvelles et plus sanglantes répressions dans l'Italie méridionale, sinon à tout perdre et à ruiner à jamais avec ces provinces celles aussi de l'Italie centrale et du nord de la Péninsule. D'autre part, les autorités siciliennes et napolitaines sont découragées, et, de même que leurs administrés, elles ne voient plus de salut possible par le régime actuel. C'est, en un mot, la dissolution, la décomposition la plus complète d'un système si contraire à la nature même des choses, dissolution que l'action des baïonnettes ne fera qu'accélérer, et que tout l'appui que l'Europe coalisée pourrait accorder au cabinet de Florence ne retarderait pas d'un seul instant. »

Nous laissons, à dessein, parler des témoins oculaires; nous citons les extraits des correspondants les plus opposés, pour bien établir que nous cherchons avant tout la vérité et que nous n'exagérons pas le péril que l'état des provinces napolitaines fait courir à l'unité italienne.

Ainsi nous avons invoqué le témoignage de *la Presse*, du *Sémaphore* et de *la Gazette de France*; autant de journaux, autant de couleurs politiques différentes, et néanmoins, ces trois organes de publicité se sont trouvés d'accord sur ce point, que la situation des provinces méridionales est des plus alarmantes et qu'une crise est prochaine.

De la presse française passerons-nous à la presse napolitaine? Désirons-nous savoir ce qui se dit, ce qui s'écrit et s'imprime à Naples? Ouvrons l'*Omnibus*, journal italianissime de cette ville. Voici ce qu'il dit :

« Quel est le vice principal de l'actuel ordre de choses en Italie? La division des partis et l'aspiration vers les anciennes autonomies. A quoi bon cacher la vérité? A Turin, on veut le Piémont; — à Milan, la Lombardie; — à Florence, la Toscane: — à Rome, la Romagne; — à Naples, les Deux Siciles; — et peut-être, à Palerme, la Sicile! »

Enfin, un journal de Marseille, *le Nouvelliste*, résume ainsi le tableau de la révolution qui se prépare au midi de la Péninsule :

« La Sicile n'a pas cessé depuis 1860 d'être en insurrection; deux fois déjà il a fallu envoyer dans l'île une véritable armée pour rétablir l'ordre, et maintenant plus que jamais l'autorité du cabinet de Florence sur la Sicile est devenue problématique. Le gouvernement va envoyer une escadre pour intimider les agitateurs et au besoin pour sévir vigoureusement. Certes il n'est pas douteux que l'apparition des forces navales italiennes ne rétablisse l'ordre sur les côtes, mais que pourra faire l'escadre de la Spezzia quand les insurgés se replieront dans les maquis du centre de l'île où ils pourront impunément continuer leur résistance et lasser les soldats italiens? Ce n'est pas par ces moyens de répression que le gouvernement de Florence ramènera à lui le peuple sicilien si fier de sa nationalité et de son pays qu'il voit réduit au rang de province italienne. Le Sicilien a combattu, pour conserver son autonomie, les armées des Bourbons de Naples qui avaient fini par donner satisfaction à ses légitimes aspirations et il redemande une administration séparée et indépendante comme avant 1860. De l'autre côté du Phare, dans les Calabres et les Abruzzes surtout, les populations ne cachent plus leurs vœux pour le retour des Bourbons. A Naples même les partisans du roi François II augmentent chaque jour, et les efforts du jeune duc d'Aoste pour ranimer les idées unitaires et s'attirer les sympathies du peuple sont très-mal appréciés et encore plus mal récompensés. »

Du reste, nous ne pouvons mieux compléter ce coup d'œil vrai sur les tendances qui menacent de faire explosion dans les provinces méridionales, qu'en publiant *in extenso* l'adresse revêtue d'un nombre considérable de signatures et qui a été remise au roi François II par une députation venue à Rome dans ce but :

« Sire,

« Il fut un temps où, sur l'amour de notre indépendance municipale, a prévalu une idée de nationalité, et sur notre attachement à une dynastie l'unité de la patrie.

« Avec la chute de votre trône, nous avons vu notre histoire municipale effacée ; mais l'espérance qui s'offrait à nous était celle de la patrie grande, unie, forte, la résurrection des anciennes gloires de notre nation, le développement du progrès civil parmi nous.

« Cette belle espérance fut bien vite dissipée. Au lieu d'un tel résultat, on a vu des lois blesser la conscience du peuple des Deux-Siciles dans la partie la plus chère et la plus sainte de ses sentiments; la démoralisation s'est répandue dans les familles, dans la cité, dans le gouvernement; l'intérêt privé est devenu la règle du régime civil, et il a jeté les finances dans cette triste situation où il ne reste plus qu'une alternative : ou la ruine de la propriété, de l'industrie et du commerce, ou la banqueroute de l'État.

« Cette terrible nécessité de violence sociale imposera nécessairement au pouvoir une politique de terreur qui, sacrifiant la justice et la liberté, ne laissera libres que les passions de la multitude, qui sont un instrument facile de tyrannie et de corruption. La liberté n'est plus ainsi la garantie du droit privé dans la loi commune, mais devient le monopole d'une coterie qui se fait un moyen de l'oppression d'autrui.

« Cette situation qui, depuis six années, n'a fait que de tristes progrès, a détruit toute illusion dans nos esprits et a fini par nous donner la douloureuse conviction que les regrets du cœur qui touchent à ce qu'il y a de plus vital dans ses affections, renferment en germe le péril et le malheur de la vie politique des peuples.

« Sire, cette terrible désillusion où nous ont conduits ceux qui ont fait et gouverné cette malheureuse nation italienne, n'a pas diminué notre dévouement au progrès politique qui, dans les régions du juste, est la voie des nations.

« Et comme avec des intentions pures, nous avons suivi l'Italie dans sa voie nouvelle, de même lorsqu'à l'égard de l'espérance qu'on nous donnait, aujourd'hui toute confiance est morte, aujourd'hui nous appelons de tous nos vœux une reconstitution sociale et politique du peuple des Deux-Siciles qui lui rende une existence conforme à ses mœurs, à ses intérêts, à son bien matériel, à l'honneur de sa vieille histoire.

« Voilà pourquoi, sire, nous reportons l'espérance de notre avenir sur votre personne, sur votre esprit doux et généreux, éprouvé par l'éducation du malheur, école de sagesse et de prudence.

« Les regrets et les espérances, qui ramènent nos cœurs à Votre Majesté, se mêlent cependant à certaines craintes : quelques-uns ne pourraient-ils pas se servir du drapeau de Votre Majesté pour s'en faire un moyen de vengeance et d'extorsion, ce qui jetterait notre malheureuse société dans une situation déplorable, et à l'apparence au moins d'un système de gouvernement légal, se trouveraient substitués le caprice et la vengeance ?

« Nous déposons dans le cœur de Votre Majesté nos vœux et nos craintes, afin qu'elle dise une parole qui encourage, rassure et guide les hommes honnêtes qui, toute illusion aujourd'hui tombée, ne veulent que le triomphe du juste et de l'honnête, la vraie gloire de la patrie italienne, le progrès civil et politique du peuple des Deux-Siciles, décidés à remplir leur devoir de citoyens honorables, de fidèles sujets. »

François II a répondu :

« Les paroles que vous m'adressez, messieurs, rouvrent une plaie qui, depuis sept années, saigne dans mon cœur, à la vue de la ruine sociale et matérielle qui frappe mon malheureux et cher peuple des Deux-Siciles.

« Je me réconforte dans ma douleur, en voyant

combien les illusions tombent à la lumière d'une aussi triste réalité, et que beaucoup, comme vous y êtes déjà vous-mêmes, rentrent dans la voie du juste et de l'honnête, seuls principes sur lesquels repose la félicité des peuples et des nations.

« J'ai déjà, en plusieurs circonstances, clairement exprimé, à la face de mon peuple et du monde, les sentiments de mon cœur envers mes amis et les adversaires de mon trône et de ma dynastie.

« J'ai donné des preuves, jusqu'au sacrifice, de mon désir de la paix, de l'ordre et de la concorde, et s'il plaît à Dieu que le moment arrive où mon peuple brise les liens cruels et injustes qui l'étreignent, revenu sur mon trône, les peuples des Deux-Siciles verront que ma parole est inébranlable et constante comme mon amour pour eux, et ils se persuaderont que mon seul désir sera, comme il l'a toujours été, de faire progresser mon peuple dans la voie de la civilisation politique, en conservant dans sa marche les relations avec les lois suprêmes de la justice, que Dieu a posées comme règle de la vie progressive des peuples.

« Ma main, vous pouvez en être certains, sera toujours ferme pour faire respecter ces principes de justice et d'ordre contre tous ceux qui tenteraient de s'en écarter. »

On comprend qu'en présence de ces manifestations aggravées encore par les démonstrations d'un groupe révolutionnaire qui essaye d'arracher les provinces méridionales à Victor-Emmanuel pour les jeter dans les bras du mazzinisme, on comprend, disons-nous, que le gouvernement de Florence se préoccupe du mouvement séparatiste du Sud.

C'est alors qu'il a imaginé, dit-on, une sorte d'acheminement à l'idée fédérative par la création de deux vice-royautés, l'une au Nord, l'autre au Sud.

Le prince Humbert, l'héritier du trône, celui qui va épouser la fille de la duchesse de Gènes, très-populaire à Turin, installerait sa vice-royauté dans la capitale du Piémont et essayerait de guérir, par l'appareil des fêtes de la cour, la blessure inguérissable faite aux Turinois par le transfert de la capitale.

Le second fils du roi, le duc d'Aoste, deviendrait vice-roi de Naples, et déjà il s'est installé dans cette ville, s'efforçant, par son caractère affable, de calmer l'irritation de ce pays.

Quant à Victor-Emmanuel, il continuerait à siéger au palais Pitti, où il ne se plait guère et qu'il abandonne dix mois sur douze pour aller chasser dans les Alpes, comme il le faisait lorsqu'il habitait le Palais-Royal de Turin.

Cette combinaison originale et par cela même du goût des Italiens, cette royauté en trois personnes nous paraît une utopie. Il faut admettre, en effet, le moment où Victor-Emmanuel, venant à mourir, l'héritier du trône recueillera la couronne d'Italie. Que deviendra alors la vice-royauté de Turin? L'équilibre que l'on veut établir sera rompu.

Et puis, Naples et Turin à peu près satisfaits, il restera à contenter et Gênes, et Parme, et Milan, et Venise. Faudra-t-il donc aussi installer dans ces diverses capitales des vice-royautés? Mais alors que devient cette unité qu'on disait être dans le cœur de tous les Italiens et qui n'était que dans l'esprit de quelques utopistes révolutionnaires?

On le voit, le remède auquel quelques conseillers de la couronne d'Italie demandent le salut est une fantaisie politique et non point une conception vraiment sérieuse. Il prouve la gravité du mal sans fournir le moyen de le guérir.

Du reste, en ce qui concerne les Deux-Siciles, on peut dire que ces provinces n'ont jamais véritablement fusionné avec l'Italie unitaire. L'effervescence produite par la révolution garibaldienne a été aussi courte que spontanée, et pour maintenir l'autorité italienne dans les États méridionaux le gouvernement de Victor-Emmanuel a dû recourir à des lois exceptionnelles et à des sévérités souvent excessives.

Aussi les dispositions hostiles qu'on signale en ce moment datent de loin. Dès le 22 mai 1864, un journal unitaire, la *Monarchia italiana*, s'exprimait ainsi : « Le mécontentement croît tous les jours dans les provinces napolitaines et siciliennes. » Il est vrai de dire que depuis lors le mécontentement a pris des proportions formidables.

Un fait récent vient encore de soulever contre le gouvernement unitaire de nombreuses récriminations. Nous trouvons tous les détails qui se rapportent à cet incident dans une correspondance adressée au journal *l'Union :*

« On se rappelle que Garibaldi, entrant à Naples, en 1860, prit la dictature du pays et rendit, entre autres décrets, un décret dictatorial, à la date du 12 septembre 1860, par lequel il confisqua, de son autorité privée, tous les biens de la couronne ainsi que les propriétés particulières et privées de la famille royale et les déclara biens nationaux. Une pareille iniquité, surtout en ce qui concerne la fortune privée des princes de la famille des Bourbons, aurait dû cesser du jour qu'un gouvernement régulier et honnête s'établissait dans le pays. A maintes reprises, on a réclamé près du gouvernement de Florence ; mais les démarches faites sont demeurées sans aucun résultat jusqu'à ce jour.

« Cependant, à des représentations faites par le gouvernement espagnol, le général de La Marmora, chef du cabinet italien, répondait, à la date du 5 juillet 1865 : « Le ministère des affaires étrangères « vous a encore entretenu des biens dont les familles « des princes déchus pourraient avoir à réclamer la « restitution de la part du gouvernement italien.

« Vous voudrez bien assurer M. Bermudez de Cas- « tro qu'en principe, le gouvernement du roi n'a ja- « mais entendu retenir celles de ces propriétés qui « seraient reconnues comme ayant un caractère « privé. Il ne s'agirait donc que de déterminer régu- « lièrement si les biens en question ont ce caractère. « C'est là une difficulté à l'égard de laquelle il sera « beaucoup plus facile de s'entendre et arriver à une « solution, comme vous l'avez fort bien remarqué, « quand les rapports réguliers entre les deux Etats « seront rétablis. »

« Voilà qui est net et précis. Les droits des princes déchus sont pleinement reconnus. Ajoutez à cela l'article 22 du traité du 3 octobre 1866, entre l'Autriche et le gouvernement de Florence, qui assure à tous les princes et princesses de la maison d'Autriche la rentrée dans la possession intégrale de leurs biens personnels, puisqu'on cherche à justifier, comme on pourra, l'acte par lequel le gouvernement italien met actuellement en vente des propriétés appartenant privativement à la famille royale de Naples.

« Par arrangement de famille et dans le but, qui se voit rarement de nos jours, d'épargner les finances de l'État, le roi Ferdinand II décida qu'à l'avenir aucun apanage ne serait demandé au trésor de l'État pour les princes et princesses de la famille royale, et que, des biens particuliers et personnels du roi, seraient tirés des majorats et des dotations pour tous les princes et princesses de son auguste maison. Les frères du roi reçurent, sur la fortune privée de Sa Majesté, de riches apanages en propriétés, et, à la naissance de chacun de ses enfants, Ferdinand II constitua un majorat dont les biens devaient être administrés par un curateur spécial jusqu'à la majorité ou le mariage de chacun d'eux.

« Ce sont ces biens, tirés d'un patrimoine particulier, et devenus légalement la propriété personnelle et privée des princes et princesses de la famille royale de Naples, qu'il s'agit d'aliéner et que le gouvernement italien veut vendre à son profit. L'iniquité est aussi flagrante que possible et doit soulever, de tous les côtés, un cri de réprobation générale. »

Mais le trésor italien est à sec, et comme pour l'absorption des biens du clergé, la pénurie des finances pousse l'Italie à des résolutions que la bonne politique autant que l'équité repousserait.

Aussi tous les hommes sincères, quelle que soit d'ailleurs leur opinion, tracent, des provinces méridionales, un tableau affligeant. Voici, par exemple, comment s'exprime le correspondant du journal *le Temps*, un Français, M. Erdan, qui réside à Naples et à Florence, depuis plus de dix ans :

« En Sicile, écrit-il de Florence, l'état des esprits est souverainement mauvais. Si vous retranchez les bourbonniens, les fédéralistes, les autonomistes absolus, les unitaires avancés, nuancés de garibaldisme, de mazzinisme, même de crispisme, il ne reste en réalité au gouvernement modéré qu'une minorité infime.

« Dans le Napolitain, les oppositions sont moins affirmatives peut-être ; les doctrines sont moins accentuées ; mais il y a un fond immense de désaffection, de dégoût, de scepticisme sur la durée de l'état de choses.

« Il va falloir demander à ces populations du Midi, ainsi disposés, 75 à 100 millions d'impôts nouveaux, près de la moitié des 150 à 200 millions que votera sans doute la chambre. Le cours forcé fait perdre aux pauvres 8 pour 100, même sur le cuivre. Vous voyez les sources du mécontentement sans cesse croissantes. »

Cet état de choses explique les tendances qui se font jour contre le gouvernement de Florence, et par suite la mise en circulation des adresses à l'ex-roi de Naples. Nous en avons déjà publié une, avec la réponse de François II. En voici une seconde :

« Sire, ceux qui ont été un jour trompés, voient maintenant clairement les choses ; ceux qui s'étaient séparés de vous ne font plus nombre aujourd'hui, et nous pouvons affirmer que tout le pays est unanime pour demander aux grandes puissances de l'Europe de faire leur propre cause de la défense du droit international et de l'équité, de rompre l'union, de nous délivrer du joug de la maison de Savoie, sous lequel nous vivons opprimés, dépouillés, avilis, privés de toutes les libertés, même de celle de servir Dieu.

« Que ces puissances nous rendent notre autonomie, qu'elles nous rendent notre roi, le héros qui combattit si vaillamment pour notre indépendance, qui donna sur le trône tant de preuves de clémence et de justice, et qui offre dans l'exil tant de traits admirables d'abnégation. En nous donnant un gouvernement conforme à toutes nos aspirations par l'exemple de sa bonté inaltérable et d'un généreux oubli du passé, il réveillera dans tous les cœurs le véritable amour de la patrie, et nous unira par un lien fraternel qui rattachera ceux-là mêmes qui ne partagent pas nos sentiments; ainsi renaîtront en même temps parmi nous l'ordre, la paix et la prospérité.

« Tel est, sire, le vœu unanime de vos sujets, que nous présentons au Dieu tout-puissant et aux souverains des nations civilisées, et que nous déposons aux pieds de Sa Majesté au cri de : Vive le roi! »

Voilà le résultat de cette conquête dont Garibaldi est si fier et de cette administration italienne qui perdra tout pour vouloir s'étendre outre mesure. Qui trop embrasse mal étreint.

De cet exposé des défaillances et de la désorganisation de l'Italie, quelle est la pensée qui se dégage? C'est celle-ci : En dépouillant la papauté, Victor-

Emmanuel est entré dans une voie révolutionnaire qui compromettra sa couronne. Il est temps encore de revenir sur le passé, de solliciter et de mériter un accord complet avec le saint-siége. Un royaume italien en hostilité avec le pape, c'est une famille brouillée avec son chef. Le jour où Pie IX bénira la couronne de Savoie, ce jour-là il pourra avoir confiance dans l'avenir de sa dynastie.

PIÈCES JUSTIFICATIVES

ET

DOCUMENTS DIPLOMATIQUES

I

LISTE

DES SOLDATS FRANÇAIS ET DES PONTIFICAUX BLESSÉS A MENTANA

SOLDATS FRANÇAIS

1 Houède, du 59e, balle à la cuisse gauche.
2. Labeur, caporal, 59e, balle à l'œil gauche.
3. Morel, 29e, pied écrasé.
4. Sapet, du 59e, balle à la cuisse gauche.
5. Lamorelle, du 59e, balle à la cuisse droite.
6. Goffard, sergent du 59e, balle à la cuisse droite.
7. Bletin, du 29e, balle dans la bouche.
8. Mural, caporal au 2e chasseurs, balle dans la cuisse droite.
9. Tirel, du 29e, balle dans le bras droit.
10. Jean Jouffrand, du 59e, balle dans le flanc droit.
11. François Giraud, du 59e, balle dans l'épaule gauche.
12. Charles Tassel, du 59e, contusion faite à l'épaule.
13. Jean-Paul Beaujey, du 59e, balle à l'épaule gauche.
14. Jules Morel, du 59e, balle à la tête.
15. Jean-Nicolas Tisserant, du 59e, balle au bras droit.

16. Luigi Dolcero, du 59e, balle au bas-ventre.
17. Joseph Forterre, du 29e, balle à la tête.
18. Jean-Claude Gros, du 7e chasseurs à cheval, balle à la cuisse droite.
19. Giulio Simoni, du 59e, contusion forte.
20. Frédéric Keridel, du 29e, balle dans le bras droit, cassé.
21. Pierre Pieq, du 29e, jambe foulée.
22. Gamaaury, du 59e, balle dans le bras droit.
23. Stœply, du 59e, balle dans la main droite et la jambe gauche.
24. Bordet, du 2e génie, courbature de fatigue.
25. Dupégil, du 59, fracture au bras gauche.
26. Lambard, du 59, entorse au pied droit.
27. Jean Cristobal, du 56e, balle au bras gauche.
28. Claude Chorennière, du 2e chasseurs, balle à la main gauche.
29. Auguste Chanteloup, du 59e, balle au bras droit.
30. Dominique Anglade, du 59e, balle à la main droite.
31. Bataillard, du 59, balle à la tête.

SOLDATS PONTIFICAUX

Guillemain, boulet qui a frisé la tempe.
Douanel, balle dans le ventre.
Vinbey, balle dans la cuisse.
Cuvier, idem.
Wietze, balle dans le bras gauche.
Rouzy, balle dans la jambe.
Vauvesner, balle dans la jambe droite.
Buzer, balle dans la bouche.
Nerêz, balle dans le bras.
Meinois, balle dans la tête.
Hulrtz, balle dans la jambe droite.
Mangiapano de Vellentano, deux coups de sabre.
Fineke, balle dans le pied gauche.
Van an Dehmon, balle dans la cuisse et la main droite.
Chiker, deux balles dans la main et le cou.

Haasbaer, balle dans le bras droit.
Ostropho, balle dans le bras gauche.
Battei, balle dans la main droite.
Rodolphe, balle dans l'épaule gauche.
Haufdermann, idem.
Dreeille, balle dans la jambe gauche.
Wlawede, balle dans la cuisse droite.
Levis, balle dans la jambe droite.
Kessler, bras gauche cassé.
V.-Pierre de Beaurepaire, balle dans l'épaule gauche.
Albrecth, balle dans l'épaule droite.
Roulleaux, balle dans les reins.
Valser, balle dans le pied droit.
Bugnard, bras cassé.
Binchaud, bras droit amputé.
Puttman, balle dans le menton et le côté gauche.
Mazat, balle dans la cuisse droite.
Wandersteins, pied gauche fracturé.
Van Raffhen, balle dans la jambe gauche.
Chauffech, balle dans le bras droit.
Gropitzer, balle dans la tête.
Regard, balle dans la cuisse gauche.
Bieuse, balle dans la main gauche.
Bruteins, balle dans le bras gauche.
Rigry, balle dans le pied gauche.
Wolfle, balle dans la mâchoire.
Mailler, balle dans le bras gauche.
Desforges, balle dans le bras gauche.
Berlande, balle dans l'épaule.
Fleighelle, balle dans la cuisse droite.
Fenat, balle dans l'épaule gauche, à demi-emportée.
Seidze, balle dans la tête.
Guelineke, deux balles dans la gorge.
Tabardelle, balle dans la cuisse gauche.
Thibaud, contusion grave.
Rogaie, balles dans le bras gauche et le flanc droit.
Fernerader, deux balles dans la gorge.
Weleztde, balle dans la jambe droite.
Hunkenet, deux balles dans les cuisses gauche et droite.

Frank Carle, balle dans la jambe droite.
Handerner, balle dans la tête.
Chaousse, balle dans la jambe gauche.
Muller, balle dans le genou droit.
Secret, balle dans le mollet gauche.
De Clisson, entorse.
Biernermann, balle dans la cuisse gauche.
Sieffried, balle dans le côté gauche.
Murrez, balle dans le bras droit.
Burger, balle dans la joue gauche.
Broidheker, balle dans la jambe gauche.
Niverbren, balle dans la cuisse droite.
Baillon, coup de baïonnette dans le ventre.
Radzainski, balle dans les reins.
Schmidt, balle dans le côté gauche.
Lavernier, balle dans le côté.
Reyme, balle dans la gorge.
AUDOUIN (Pierre) balle à l'épaule gauche au commencement de l'action

II

Texte de la circulaire adressée par le gouvernement français à ses agents diplomatiques, en vue de la réunion d'une conférence pour traiter la question romaine :

Monsieur, animé des sentiments d'une loyale amitié à l'égard de l'Italie, et pénétré de l'importance des intérêts qui se rapportent à la sécurité et à l'indépendance du trône pontifical, l'Empereur n'a pas cessé de voir avec une vive affliction et une constante sollicitude l'antagonisme dans lequel les événements ont placé les gouvernements du pape et de Victor-Emmanuel. Notre plus grand désir avait été d'entrevoir la possibilité d'une bonne intelligence et de contempler ce résultat. Nous n'avons omis aucun des efforts que nous a suggérés une froide observation des faits, et l'énumération des moyens que nous avons employés serait longue.

Moins préoccupés néanmoins d'arriver à un résultat immédiat qu'attentifs à ne pas compromettre, par des excès prématurés, un résultat que le temps seul peut rendre fécond, nous nous sommes efforcés de calmer les agitations d'une part et la défiance de l'autre, et tel a été l'esprit du traité du 15 septembre 1864. Plaçant le sort du pontificat sous la sauvegarde de la parole donnée par l'Italie à la France ce fait offrait à Rome la sécurité, et au gouvernement italien le moyen de calmer, par la loyauté de sa conduite, les inquiétudes et les méfiances profondément entrées dans les cœurs.

Cette conduite prévoyante était destinée, du moment où elle commençait à produire ses fruits, à apaiser les passions qui, sous forme de patriotisme, ont toujours cherché à lancer l'esprit du peuple italien hors de ses voies naturelles pour le convertir en instrument de désordre, désordre que le parti révolutionnaire essaye de développer de toutes parts dans le même but et avec des moyens identiques.

Les événements qui arrivent dans la péninsule italienne apportent avec eux une grande leçon et sont de nature à préoccuper les cabinets européens.

Si le gouvernement de l'Empereur a dû maintenir intactes les conventions passées avec lui, et si par sa fermeté il a donné une nouvelle force aux sentiments de modération qui aspirent en Italie à établir sur des fondements non chimériques la grandeur du pays, ce n'est pas une raison pour que la tâche que les événements ont imposée à la France retombe sur elle exclusivement. Ses efforts, pour être complétement efficaces, doivent être partagés à un haut degré par les autres gouvernements, non moins intéressés à faire prévaloir en Europe les principes d'ordre et de stabilité.

Aujourd'hui n'existent plus les considérations qui ont, à une autre époque, rendu difficile aux cabinets européens l'examen de semblables questions. Reconnue par les puissances, en paix avec elles, et ne s'occupant que de ses propres agitations, l'Italie ne peut être une cause directe de désordre et de conflit; mais on ne peut nier que sa situation et celle de Rome n'appellent d'une manière sérieuse l'attention de tous, parce que cette situation est une occasion de trouble et un motif de préoccupation.

Grâce aux principes qui ont prévalu dans le monde moderne, aucun gouvernement ne s'exemptera volontairement du devoir de donner à ses sujets de toute croyance les satisfactions légitimes que peut réclamer la paix de leurs consciences. Nous ne doutons donc pas que, sous ce point de vue, les gouvernements européens n'acceptent avec empressement la proposition que nous leur faisons de se réunir en conférence pour examiner ces graves questions. Ainsi, étudiant les faits avec calme et attention, cette assemblée, naturellement inaccessible aux considérations secondaires, trouvera les bases d'un travail auquel nous ne devons pas en ce moment songer à fixer des limites, et dont nous ne pouvons pas préjuger les résultats.

Veuillez soumettre cet objet à l'attention du gouvernement auprès duquel vous êtes accrédité. Pour notre part, nous avons la confiance que ce gouvernement n'hésitera pas à donner une réponse favorable et qu'il reconnaîtra quelle opportunité les circonstances donnent à la réunion immédiate des plénipotentiaires.

Recevez, etc.

III

LA COMPLICITÉ DU CABINET DE FLORENCE

PROUVÉE PAR LES DOCUMENTS OFFICIELS

Voici les principales dépêches déposées par M. Menabrea et ses collègues sur le bureau de la présidence de la Chambre des députés dans la séance du 20 décembre :

DÉPÊCHES GOUVERNEMENTALES

20 septembre 1867.

(No 1.) *Le secrétaire général du ministère de l'intérieur au préfet d'Ancône.*

Le ministère a lieu de croire (*ritiene*) que le major Ghirelli (1) s'emploie à déconcerter le mouvement dans l'État pontifical. En tout cas, ne négligez pas de veiller sur sa conduite, et mettez en attendant à sa disposition 6,000 francs, au remboursement desquels je pourvoirai immédiatement.

(1) Ce même major Ghirelli, que le ministère subventionnait pour « déconcerter les mouvements, » était, peu de jours après, chef de l'une des légions de volontaires. Le major Ghirelli est un émigré romain. Il avait déposé, quelque temps avant le mouvement sur Rome, et manifestement en vue de ce mouvement, le grade qu'il avait d'ailleurs honorablement conquis dans l'armée régulière italienne.

20 septembre 1867.

(N° 2.) *Le secrétaire général du ministère de l'intérieur au préfet d'Ancône.*

Trouvez moyen quelconque d'avoir les 6,000 francs du trésorier ou de quelqu'un autre. Demain sera expédié un bon du trésor pour remboursement.

(N° 3.) *Le secrétaire général du ministère de l'intérieur au préfet de Bologne.*

Nous apprenons que de votre ville il a été expédié des ordres à Valzania en vue de faire partir des volontaires pour Florence et les envoyer à la frontière.

Veillez et suivez scrupuleusement les instructions déjà données pour que les volontaires soient renvoyés dans leur pays.

Signé : MONZANI (1).

Vu pour copie conforme,
D. SILVAGNI,
Chef du cabinet (2).

Florence, 1er octobre 1867.

(N° 4.) *Le secrétaire général du ministère de l'intérieur aux préfets de Pérouse, Sienne, Scansano et Livourne.*

J'ai nouvelle que le mouvement des volontaires vers la frontière a recommencé. Je répète et maintiens les instructions déjà données pour que ces volontaires soient repoussés dans leur pays inexorablement.

Signé : MONZANI.

(1) M. Monzani était secrétaire général de M. Ratazzi au ministère de l'intérieur.

(2) M. D. Silvagni était le chef du cabinet de M. Gualterio, ex-ministre de l'intérieur. C'est à ce titre qu'il a contre-signé et certifié toute la série des dépêches. Mais il est inutile, en les reproduisant ici, de citer son nom au bas de chacune d'elles.

Florence, 6 octobre 1867.

(N° 12.) *Aux préfets de Pérouse, Sienne, Grossètto, Arezzo.*

J'ai motif de soupçonner que toutes les autorités politiques et fonctionnaires de la sûreté publique ne signalent pas aux commandants militaires les bandes qui s'organisent à proximité de la frontière et que celles-ci ne trouvent par conséquent aucun obstacle pour la franchir. Donnez des ordres précis pour que les autorités militaires soient mises en mesure de remplir leur devoir avec plus d'efficacité et d'exactitude. Surveillez, en outre, l'attitude des syndics (maires) et des gros propriétaires, lesquels, à ce qu'on me dit, favorisent les expéditions.

Signé : MONZANI,
Secrétaire général.

Florence, 7 octobre 1867.

(N° 13.) *Au sous-préfet de Brindisi.*

En règle générale, le gouvernement ne permet pas aux émigrés romains de se tenir sur la frontière pontificale. Pour décider relativement à la direction à donner à Barbaci (7), il faut information sur sa condition, sa conduite, ses antécédents.

Signé : DE FERRARI.
Directeur général de la sûreté publique au ministère de l'intérieur.

Pérouse, 7 octobre 1867.

(N° 14.) *Le préfet au secrétaire général du ministère de l'intérieur.*

Je partirai demain par le premier train (8).

Le préfet : GADDA.

Florence, 10 octobre 1867.

(N° 17.) Monsieur le préfet de Sienne, relativement aux réunions de garibaldiens sont toujours maintenues instructions déjà données.

Quant aux personnes signalées par le délégué (commissaire de police) de Chiusi, je puis vous assurer qu'elles n'ont point bougé de Florence, et que les informations qui vous sont parvenues sont inexactes.

Signé : MONZANI.

Terni, 10 octobre 1867.

(N° 18.) *Le sous-préfet de Terni au ministre de l'intérieur, secrétaire général.*

..... Que le chevalier Festa se rende à Rome, où il est attendu par Henri (que vous connaissez bien). Partant ce soir de Florence, il pourrait demain matin s'arrêter à Terni pour retirer passeport et poursuivre avec le second train.

Je vous prie de me donner réponse tout de suite, et avant cinq heures, afin que je puisse avertir Henri.

Gênes, 10 octobre 1867.

(N° 19.) *Le questeur (directeur de la police) de Gênes au ministre de l'intérieur.*

Le capitaine Giovanni Fontana (capitaine garibaldien) demande envoyer à la frontière trois cents carabines qu'il aurait disponibles, bien entendu d'une façon prudente et réservée (*in modo cauto e riservato*). Il me demande aussi la remise de cent fusils, récemment saisis, que j'ai encore en dépôt.

Instructions, je vous prie.

(Au bas de ce télégramme, on lit la réponse suivante, en *toutes lettres.*)

Florence, 10 octobre 1867.

Le secrétaire général du ministère de l'intérieur au questeur de Gênes.

Laissez partir les trois cents fusils; rendez les cent autres; observez la plus grande prudence et réserve (USI MASSIMA CAUTELA ET SECRETEZZA).

Terni, 11 octobre 1867.

(N° 20.) Monsieur le sous-préfet de Spoleto,

Je vous prie de me dire sans délai où se trouvent actuellement les fusils saisis à Massi Benedetti. Selon votre réponse, j'enverrais aujourd'hui ou demain à Spoleto, sur l'ordre du préfet, l'inspecteur Pacini.

Le sous-préfet de Terni,
Signé : ARGENTI.

Terni, 11 octobre 1867.

(N° 21.) Monsieur le sous-préfet de Foligno,

Vérifiez la réalité de l'envoi ici des trois colis chaussures. Vous prie seulement me dire par quel train ils arrivent.

Le sous-préfet,
Signé : ARGENTI.

Terni, 11 octobre 1867.

(N° 22.) Monsieur le préfet de Pérouse,

J'ai conféré avec la personne que vous savez; présents le sous-préfet de Rieti et Pacini. Tout sera fait avec les précautions voulues (*con debiti riguardi*).

On annonce prochain le départ de grand nombre d'autres jeunes gens.

Le sous-préfet,
Signé : ARGENTI.

Terni, 11 octobre 1867.

(N° 23.) Monsieur le délégué de la sûreté publique d'Amélia.

Par mesure de sûreté publique, il est nécessaire que les fusils de la garde nationale déposés près de la municipalité soient mis en lieu sûr.

Invitez en mon nom le syndic (maire) à vous remettre tous les fusils qui se trouvent en dépôt et sous escorte sûre, envoyez-les tout de suite ici, à l'hôtel de la sous-préfecture, sous observations, en m'informant du jour du départ et du nombre des fusils expédiés, et en ayant soin que l'arrivée à Terni ait lieu à nuit avancée (**12**).

Le sous-préfet,
Signé : ARGENTI.

Florence, 11 octobre 1867.

(N° 24.) Monsieur le préfet de Livourne,

J'ai lu avec surprise la proclamation jointe à votre note du 9 courant, numéro 14, et je ne puis comprendre comment l'autorité a permis qu'elle fût répandue et affichée dans la ville.

Veuillez me donner des explications à ce sujet. En attendant, je vous fais remarquer que si l'on tolère des souscriptions en faveur des blessés, on ne peut tolérer celles qui ont pour but de favoriser l'insurrection.

Signé : MONZANI.

Florence, 12 octobre 1867.

(N° 25.) *A monsieur le préfet de Bénévent.*

Sont tolérées offrandes pour les blessés, non celles pour favoriser l'insurrection. Ceci pour votre règle.

Signé : MONZANI.

Florence, 12 octobre 1867.

(N° 26.) Monsieur le questeur de Naples,

J'ai vu Lopasso et lui ai recommandé de sauver les apparences, et empêcher avec habileté que l'on dévie des principes fondamentaux, en évitant les dissidences.

Pour le ministre,

Signé : DE FERRARI,

Directeur général de la sûreté publique.

Florence, 13 octobre 1867.

(N° 27.) Monsieur le préfet de Sienne,

Je vous prie de faire transporter immédiatement à Florence le dépôt de fusils de la garde nationale, existant à votre disposition.

Signé : DE FERRARI.

Bari, 13 octobre 1867.

(N° 28.) Monsieur le ministre de l'intérieur,

Reçu d'Altamura, télégramme que je transcris :

« Donné dispositions conformes aux instructions du ministère, en date 8 SEPTEMBRE DERNIER : Enrôlement de garibaldiens pour Rome s'opère clandestinement; un Toscan est ici comme directeur, aidé de deux personnes d'Altamura ; déjà on m'annonce une liste de 35, à qui on distribuera munitions au départ. Ils attendent ordre de départ du député Crispi. »

Dites-moi si je puis procéder à l'arrestation des enrôleurs et saisie des munitions ; les instructions à cet égard ne paraissent pas m'autoriser à pareille extrémité. Je demande instructions spéciales, suivant requête qui m'est adressée.

Pour le préfet,

Signé : SERPINI.

Pérouse, 13 octobre 1867.

(N° 29.) *Au ministère de l'intérieur, secrétaire général.*

Va croissant le nombre des volontaires, principalement à Terni, toutefois sans armes. Quelque rigueur qu'on apporte à appliquer mesures en cours, cela devient toujours plus difficile.

Le préfet,
Signé : GADDA.

Florence, 13 octobre 1867.

(N° 30.) Monsieur le questeur (directeur de la police) de Naples.

Faites ce dont on est convenu, et tout de suite. Je pars ce soir.

Signé : LOPASSO.

Vu. Expédier avec tour de faveur.

Signé : DE FERRARI.

Caserte, 10 octobre 1867.

(N° 31.) *Le préfet de Caserte au secrétaire général du ministère de l'intérieur.*

La nuit dernière, par voie de..... a eu lieu le passage d'environ 400 volontaires partis de Roccasecca, direction territoriale de Pontecorvo et San-Giovanni-Incarico. A deux heures ce matin ils devront être rendus sur le territoire pontifical.

Florence, 14 octobre 1867.

(N° 32.) Monsieur le préfet de Sassari.

On croit que Garibaldi pourrait tenter de quitter Caprera dans la nuit du 18. Tout serait disposé par Basso, qui déjà se trouve à Malte. Un vapeur anglais devrait se trouver près d'Alghero (côte occidentale de Sardaigne), où l'embarquement aurait lieu. Il importe de surveiller la pointe occidentale de Caprera. Redoublez de vigilance.

Signé : MONZANI.

Florence, 14 octobre 1867.

(N° 33.) Monsieur le préfet de Bologne.

Permettez la convocation du conseil communal. Le ministère tolère secours aux blessés.

Prenez soin que de tout ceci on parle le moins possible dans les journaux, et que l'on n'exagère point un fait qui ne doit avoir qu'un caractère de bienfaisance.

Signé : MONZANI.

Pérouse, 14 octobre 1867.

(N° 34.) *Au ministre de l'intérieur, secrétaire général.*

Demain, par le premier train, j'irai à Florence.

Le préfet : GADDA.

Florence, 15 octobre 1867.

(N° 35.) *Au préfet de Leccer.*

Gouvernement tolère les souscriptions en faveur des insurgés blessés sur le territoire pontifical. Faites en sorte toutefois que les journaux donnent à cela le moins de publicité possible.

Signé : MONZANI.

Florence, 15 octobre 1867.

(N° 36.) *Au préfet de Naples.*

Est autorisée la dépense extraordinaire de 10,000 francs pour plus grande vigilance à la frontière contre les violateurs des confins.

Signé : MONZANI.

(N° 37.) *Le directeur général de la sûreté publique au questeur de Gênes.*

Je vous prie accorder immédiatement transport gratuit sur les chemins de fer, pour la destination qui vous sera indiquée, aux individus qui, pour cet objet, vous seront signalés par l'avocat Enrico Brusco et par le capitaine Giovanni Fontana.

Florence, 16 octobre 1867.

(N° 38.) Monsieur le préfet de Reggio (Calabre).

Le gouvernement ne peut empêcher *meeting*, tant qu'on demeure dans les limites de la légalité.

Il désirerait que l'on parlât de blessés plutôt que d'insurgés, et que les journaux de la localité ne fissent pas trop de bruit à propos de ces collectes.

Signé : MONZANI.

Pérouse, 16 octobre 1867.

(N° 39.) *Au ministère de l'intérieur, secrétaire général.*

Les volontaires, commandés par Menotti, ont pris Monte-Maggiore. Il afflue toujours vers Terni beaucoup de volontaires; le train même de cette nuit, provenant de Florence, en portait environ 500. Il serait à propos que cette affluence cessât.

Le préfet : GADDA.

(N° 40.) *Le préfet de Cuneo au ministre de l'intérieur.*

Ont disparu hier de Saluce vingt émigrés. On les suppose dirigés sur Terni. Donné ordre d'arrestation. Je vous informe parce que je soupçonne la plus grande partie de l'émigration romaine d'avoir la même intention.

Florence, 17 octobre 1867.

(N° 41.) Monsieur le préfet de Cuneo.

Le ministère ne croit pas nécessaires mesures de rigueur contre émigrés romains qui abandonnent leur résidence.

Ayez la bonté de révoquer par conséquent les mesures énoncées dans votre télégramme de ce jour.

Florence, 17 octobre 1867.

(N° 42.) Monsieur le sous-préfet de Terni.

Si vous avez une personne de confiance, envoyez-la tout de suite auprès de Ghirelli pour lui faire comprendre qu'il convient de s'abstenir de tout acte capable de compromettre le gouvernement.

Imposer des taxes est chose odieuse. Priez-le de se conduire avec modération et prudence.

Signé : MONZANI.

Terni, 18 octobre 1867.

(N° 43.) Monsieur le préfet de Pérouse.

Pour service de la garde nationale est urgente une seconde délivrance de cartouches au nombre le plus considérable possible.

Par train de midi, une personne ira les prendre.

Le sous-préfet,
Signé : ARGENTI.

Florence, 18 octobre 1867.

(N° 44.) *Le ministre des travaux publics à M. Senno, Ancône.*

J'arrête votre télégramme adressé à de Rosci, de Rome, et je vous ordonne de mettre à disposition du service militaire tous les véhicules que vous pourrez réunir, quelle qu'en soit la destination. Le gouvernement tient les deux sociétés (du chemin de fer) responsables de tout retard dans le transport des troupes et de l'artillerie de guerre.

Le ministre des travaux publics,
Signé : GIOVANOLA.

Passo-Corese, 18 octobre 1867.

(N° 45.) Monsieur le ministre Ratazzi.

(*Communiqué.*) Une compagnie de volontaires, isolée, a été faite prisonnière à Nérola. Manque, centre directeur dans les provinces. Nécessaire une impulsion concentrique des colonnes : voilà ce qu'exige Rome. Consigné. Dépêche à l'agent (*incaricato*) politique Buglielli.

L'agent politique,
Signé : BUGLIELLI.

Signé : GUTIERREZ.

Terni, 18 octobre 1867.

(N° 46.) *Le sous-préfet de Terni au président du conseil des ministres.*

Le député Crispi nous adresse le télégramme suivant :

« Plus de retards! Délivrez Garibaldi, passez la frontière, occupez immédiatement Civita-Vecchia, ne donnez pas le temps à la France. L'honneur et le salut de l'Italie l'exigent : il y va de votre nom. »

Terni, 18 octobre 1867.

(N° 47.) *Le sous-préfet de Terni au président du conseil des ministres.*

Dans le télégramme de ce matin, après le chiffre 423 (Garibaldi), j'ai oublié les chiffres suivants : 872.156 948.259 (passez la frontière).

Pérouse, 18 octobre 1867.

(N° 48.) *Le préfet de Pérouse au ministre de l'intérieur.*

Hier beaucoup de volontaires ont passé la frontière, mille, dit-on, du côté de la Sabine, se dirigeant pour joindre Menotti. L'affluence des volontaires excède toute mesure, il est impossible de l'arrêter. Le plus grand nombre afflue *de la ligne de Florence.* Il serait nécessaire d'en venir à des conflits sanglants pour les repousser, et il semble que, parmi les corps des volontaires, il n'y ait aucune entente ; il pourrait même arriver que la confusion et l'anarchie produisissent d'autres graves conséquences.

Bologne, 18 octobre 1867.

(N° 49.) *Le préfet de Bologne au ministre de l'intérieur.*

Sont passés par cette station des invidus évidemment volontaires, avec papiers en règle et réquisitions de la questure de Gênes au chemin de fer, pour être dirigés sur Terni, comme étant domiciliés dans cette ville. On me demande ici même chose.

Florence, 19 octobre 1867.

(N° 50.) Monsieur le préfet de Livourne.

Essayez de persuader aux jeunes gens de ne pas partir. Crispi télégraphie de Terni, priant le ministre d'empêcher le départ des jeunes gens, dont le nombre est déjà très-considérable.

Signé : MONZANI.

Ancône, 19 octobre 1867.

(N° 51.) *Au ministère de l'intérieur, secrétaire général.*

L'agent du gouvernement, major Ghirelli, me demande moyens de transport pour hommes. Puis-je les accorder?

Pour le préfet.

Signé : ARRIGNI.

Grosseto, 19 octobre 1867.

(N° 52.) Monsieur le ministre de l'intérieur.

Le commandant de la frontière me télégraphie d'Orbetello avoir reçu avis du général Piola que cent volontaires armés sont partis de Livourne par le train de dix heures du matin. Il a pris des dispositions pour les arrêter à Orbetello, mais il craint qu'ils ne descendent à Grosseto, et c'est pourquoi il m'avertit. Je n'ai reçu aucun avis du préfet de Livourne, et à Grosseto il n'y a pas de force pour résister. S'ils descendent, je les ferai suivre et aviserai le commandant de la frontière. Mais je crois qu'ils descendront à la station avant Grosseto, et, pour cette éventualité, j'ai déjà pris les dispositions voulues.

J'ai répondu dans ce sens au commandant, en le priant d'envoyer force imposante pour rendre résistance impossible et empêcher collision.

Le préfet,
Signé : HOMODEI.

19 octobre 1867.

(N° 53.) *Le préfet de Bologne au ministère de l'intérieur.*

(Réservé au secrétaire général.)

L'exemple des garibaldiens voyageant avec réquisition rend plus vives les instances de ceux qui veulent partir d'ici et du comité. J'ai besoin d'une indication, d'un signe (*cenno*) pour règle, d'une ligne par courrier tout à fait confidentiel.

19 octobre 1867.

(N° 54.) *Le préfet de Terni au secrétaire général du ministère de l'intérieur.*

Je communique le télégramme suivant d'Agnetta (sous-préfet de Foligno) :

« Ne pouvant absolument empêcher de ce côté le départ des

volontaires, il est au moins pressant que Foligno soit désigné comme SECOND CENTRE, l'agglomération étant ici excessive. »

19 octobre 1866.

(N° 55.) *Le préfet de Pérouse au ministère de l'intérieur, secrétariat général.*

Je répète télégramme important que je reçois du sous-préfet de Terni :

« Arrivée des volontaires continue dans des proportions énormes. Agglomération excessive ici. En divers pays de l'arrondissement, trains provenant de Rome toujours interrompus. Trains provenant de Florence continuent de s'arrèter à Narni. Intérêts du commerce réclament continuation au moins jusqu'à Passa-Corèse.

Turin, 20 octobre 1867.

(N° 56.) *Au secrétariat-général, ministère intérieur.*

Cucchi a fait avertir qu'action serait pour lundi soir immanquablement.

Le préfet : ARGENTI.

Pour copie conforme :
Le chef du cabinet : D. SILVAGNI.

Pérouse, 20 octobre 1867.

(N° 57.) *Le préfet de Pérouse au ministère intérieur, secrétariat général.*

Encore hier soir les trains provenant de Florence et d'Ancône transportaient beaucoup de volontaires, quelques-uns armés, et tous se rendent à Terni. Là l'état des choses est par trop anormal. Il n'est plus possible dans l'Ombrie de repousser les volontaires, alors qu'ils viennent librement de toutes les provinces. L'autorité locale sur ce point est désormais tout à fait débordée (il y a dans le texte italien : l'autorité est désautorisée). A Rome, à Viterbe et en général dans l'État pontifical, tranquillité parfaite : fait, à mon avis, fort significatif.

Pérouse, 20 octobre 1867.

(N° 58.) *Le préfet de Pérouse au ministère intérieur, secrétariat général.*

Sous-préfet Terni me transmet télégramme suivant, que je transcris littéralement :

« Continue dans ses proportions excessives l'arrivée des volontaires qui se trouvent maintenant agglomérés ici au nombre de plusieurs milliers. Il est urgent de pourvoir. Situation peut devenir grave. Indices d'agitation, à raison des bruits d'intervention française. D'après des nouvelles que je reçois, insurrection dans Rome doit éclater immanquablement demain soir. D'après ces mêmes nouvelles, on entend le canon vers Monticelli, à proximité de Tivoli.

Naples, 21 octobre 1867.

(N° 59.) *Au ministère intérieur.*

Demain mardi nous aurons démonstration, pétition et peut-être meeting contre intervention française. Je vous prie m'envoyer sans retard nouvelles touchant crise ministérielle et intervention.

Le préfet : DURANDO.

Florence, 22 octobre 1867.

(N° 60.) Monsieur le préfet de Naples.

France n'intervient pas. Contre-ordre donné à la flotte de Toulon.

U. RATTAZZI.

Pérouse, 21 octobre 1867.

(N° 61.) *Le préfet de Pérouse au ministre de l'intérieur.*

On télégraphie de Terni au comte Vicentini de Rieti de préparer huit cents rations pour huit cents volontaires qui doivent arriver à Rieti à trois heures après-midi.

Je demande instructions.

Pérouse, 21 octobre 1867.

(N° 62.) *Le préfet de Pérouse au ministre de l'intérieur.*

Je répète encore aujourd'hui que de nombreux volontaires continuent d'accourir à Terni, provenant en grande partie de la Toscane. A cette station, il est impossible de les arrêter, attendu leur nombre, et Terni est plein; de telle sorte qu'on entrevoit manque de pain et possibilité de désordre. Il est nécessaire de pourvoir.

Ponte-Corèse, 21 octobre 1867.

(N° 63.) *Monsieur le préfet Mosca à Ricciotti Menotti.*

Profitant de vos offres aimables (*sue gentili esibizioni*) me demande, d'urgence absolue, 12,000 rancs, que je vous prie m'envoyer au plus vite, car on les attend et on y compte absolument. Rien de nouveau. L'insurrection romaine remise à demain.

L'agent politique (incaricato politico) :
BUGLIELLI.

Florence, 22 octobre 1867.

(N° 64.) *Monsieur le sous-préfet de Rieti et Poggio Mirteto.*

Donnez immédiatement, si vous en avez, des nouvelles de Rome. Faites en sorte que le public les connaisse le moins possible.

U. RATTAZZI.

Florence, 22 octobre 1867.

(N° 65.) Monsieur le préfet de Pérouse.

Part ce soir pour Pérouse par le train de huit heures et demie le chevalier Ramognini, avec instructions demandées (28).

Signé : U. RATTAZZI.

22 octobre 1867.

(N° 67.) *Le préfet de Pérouse aux sous-préfets de Spolète, Terni et Rieti.*

On m'annonce que le général Garibaldi est présentement en chemin de fer, provenant de Florence et se dirigeant sur Foligno.

Instructions demandées au ministère. A peine reçues, je vous les communiquerai.

Le préfet : GADDA.

Rieti, 22 octobre 1867.

(N° 68.) Monsieur le ministre de l'intérieur.

Romains ont fixé insurrection pour demain. Soyez assuré que j'observerai recommandations du télégramme.

Le sous-préfet : MOSCA.

Milan, 22 octobre 1867.

(N° 69). Moniteur le ministre de l'intérieur,

Le télégramme suivant a été envoyé de Busto à Terni :

A monsieur Bartolotte, chez Angelo Fongoli, à Terni.

« Si momentanément impossible Rome, allez Viterbe, d'où vous verrez si pour Civita-Vecchia, ou bien où il sera mieux.

« Signé : LERTORA. »

Comme ce Lertora a eu commission de confectionner chemises rouges, j'avertis pour règle.

Le préfet : VILLAMARINA.

Pérouse, 22 octobre 1866.

(N° 70.) Monsieur le ministre de l'intérieur,

Concernant la nouvelle donnée par le préfet d'Arezzo, relativement à la tenue du général Garibaldi, j'attends des instructions du ministère.

Le préfet : GADDA.

Arezzo, 22 octobre 1867.

(N° 71.) *Le préfet d'Arezzo au ministre de l'intérieur.*

Le train arrivé ici à neuf heures transportait sept cents volontaires provenant tous, me dit-on, de Florence et qui ont continué sans s'arrêter.

Arezzo, 22 octobre 1867.

(N° 72.) *Le préfet d'Arezzo au ministre de l'intérieur et au préfet de Pérouse.*

Délégué sûreté publique de San-Giovanni me télégraphie qu'à deux heures cinquante-trois minutes est passé par cette station, en train extraordinaire, le général Garibaldi avec son fils et aide de camp, se dirigeant sur Foligno.

Arezzo, 22 octobre 1867.

(N° 73.) Monsieur le ministre de l'intérieur,

Garibaldi vient de passer à l'instant, suivant la direction indiquée dans mon précédent télégramme.

Le préfet : MAZZOLENI (29).

Poggio-Mirteto, 22 octobre 1867.

(N° 74.) *Le délégué (commissaire de police) de Poggio-Mirteto au sous-préfet de Rieti.*

Je pense que dans votre télégramme d'aujourd'hui vous voulez parler de la cassette envoyée ici par le carabinier de Poggio-Nativo. Il y a dans cette cassette divers paquets de cartouches, 50 cartouches de fer-blanc et 6 bombes. Avec cette cassette a été amené ici un mulet, qui a été mis à l'écurie, et figure conséquemment dans les dépenses. Dites-moi si ce mulet doit être envoyé à Buglielli (l'agent politique du ministère), et comment je dois payer l'écurie.

MOSCHINI.

Corese, 22 octobre 1867.

(N° 75.) *Le délégué politique de Corese au sous-préfet de Rieti.*

Je ne sais rien de Garibaldi. Vous savez sans doute que Menotti est à Scandriglia. J'espère qu'il va prendre le chemin de Rome.

J'ai donné tout l'argent que j'avais en caisse, six mille cinq cents francs; je ne sais comment faire. J'en ai télégraphié à Fabrizi; il ne m'a pas répondu. Nous en sommes au bon moment, pardieu! (*Siamo ai frutti, perdio;* nous en sommes aux fruits, pardieu!)

Poggio-Mirteto, 22 octobre 1867.

(N° 76.) *Le délégué de Poggio-Mirteto au sous-préfet de Rieti.*

En ce moment est parti Sironi. Il m'a dit de vous rappeler la réponse au télégramme qu'il vous a envoyé hier soir, concernant la cassette de munitions et le mulet.

Le délégué : MOSCHINI.

Terni, 22 octobre 1867.

(N° 77.) *Le sous-préfet de Terni au sous-préfet de Rieti.*

Pour la même mission Riva est arrivé ici, Ricciotti Garibaldi, qui n'a pu obtenir que 2,000 paires de souliers, 2,000 couvertures.

ARGENTI.

Florence, 23 octobre 1867.

(N° 78.) *Au sous-préfet de Terni.*

Communiquez immédiatement le télégramme suivant à Buglielli, Passo Corese.

Veuillez, je vous prie, télégraphier uniquement à moi, avec votre nom de baptême. Ministère est démissionnaire.

Signé : CRISPI.

Pour copie conforme :

MONZANI, secrétaire-général.

Corese, 23 octobre 1867.

(N° 79.) *L'agent politique de Corese au sous-préfet de Rieti.*

Menotti parti de Scandriglia, je ne sais pas exactement dans quelle direction. Je reçois de Poggio-Mirteto un mulet; je ne sais pas, en un tel besoin, pourquoi vous ne m'avez pas envoyé aussi la cassette.

Je vous remercie des soins pris pour mon affaire.

BUGLIELLI.

Pérouse, 24 octobre 1867.

(N° 80.) *Le préfet de Pérouse au ministère de l'intérieur. Secrétariat général.*

Le sous-préfet de Terni télégraphie qu'aujourd'hui encore y sont arrivés d'autres volontaires. Je répète qu'il est urgent d'em pêcher leur départ à Florence et à Ancône, d'autant plus que Garibaldi, étant actuellement au-delà de la frontière, excitera plus d'enthousiasme encore pour accourir aujourd'hui. Repoussés quatre-vingts individus et plus, parce que dépourvus de papiers en règle; mais cette mesure n'est pas suffisante, et elle est coûteuse, tandis qu'en les empêchant au point de départ, on épargnerait des frais de rapatriement.

Signé : GADDA.

Pérouse, 24 octobre 1867.

(N° 81.) *De Pérouse au sous-préfet de Rieti.*

Dites Pacini retourner ici immédiatement. Je l'attendrai à la station par le train direct demain matin, afin qu'il continue sur Florence.

Entendez-vous avec Pacini pour affaire fusils.

Le préfet : GADDA.

Spezzia, 20 décembre 1867.

(N° 82). *Commandement local maritime du golfe de la Spezzia.*

Monsieur le ministre de la marine,

Obéissant aux ordres contenus dans la feuille réservée à marge spéciale, j'ai l'honneur de faire connaître à Votre Seigneurie que dans la soirée du 16 octobre dernier, — en suite d'un télégramme urgent et en chiffres signé de M. le ministre de la marine et conçu dans les termes suivants : « Ce soir huit heures, trouvez-vous arrivée convoi. Arrivera envoyé ministère. » Je me rendis à la station du chemin de fer pour attendre l'arrivée du convoi de Florence. Ce convoi étant arrivé vers neuf heures et demie, j'en vis descendre M. le capitaine de frégate Orengo, qui, s'étant présenté à moi en compagnie de l'honorable député Cadolini, me remit un pli contenant la feuille n° 2,413, première division, cabinet du ministre, en date 15 dudit mois. Dans cette feuille, il m'était ordonné de seconder pleinement les ordres verbaux qui me seraient communiqués par le porteur de la dépêche, commandant Orengo. Ces ordres consistaient à faire l'impossible, afin que sur-le-champ et avec le plus grand grand secret fussent extraites des magasins de la Spezzia, 120,000 capsules fulminantes pour armes de petite dimension (*armi minuti* et 60,000 cartouches à balle pour fusils non rayés, pour être délivrés, contre reçu, audit M. Cadolini, à la station du chemin de fer, avant que partît d'ici le premier convoi du matin.

Pour exécuter rapidement de semblables consignes. à une heure aussi avancée de la nuit, il se présenta beaucoup de difficultés, qui furent heureusement surmontées, et je dus avoir recours à tous les moyens les plus propres à la circonstance; ce qui entraîna une légère dépense de vingt francs pour transport et factage du pont de débarquement à la la station. Je disposai ensuite que cette dépense serait supportée par les fonds de réserve du commandement de cette ville, en attendant l'approbation supérieure.

Les divers objets de matériel de guerre dont il est ici question furent consignés en 30 caisses de bois et deux barils et expédiés à Florence à l'adresse de l'expéditionnaire *Cavallini*, sous la dénomination de *minerai*.

Le reçu qui me fut donné par l'honorable Cadolini a été remis par moi au commandant Orengo, avec prière de le déposer entre les mains de M. le ministre pour la régularité des choses. Le reçu des dépenses dont il est parlé ci-dessus est conservé dans la caisse principale du commandement.

Le commandant local.

Signé : E. MONTEZEMOLO.

A la suite de « ces dépêches gouvernementales » se placent, dans la série des documents, quelques dépêches privées qui complètent utilement les précédentes. En voici la traduction :

DÉPÊCHES PRIVÉES

Ces dépêches, avant d'être rendues aux destinataires, ont reçu le *vu* et le *nulla osta* (rien ne s'oppose) du ministère de l'intérieur. (*Note du texte officiel.*)

Florence, 10 octobre 1867.

(N° 1.) *A Angelo Donatini, Vérone.*

Arrêtez achat de chevaux jusqu'à nouvel ordre.

Signé : Ricciotti (fils de Garibaldi).

Florence, 11 octobre 1867.

(N° 2.) *Au député Comin* (*urgent*), *Naples.*

Réoccupation d'Acquapendente se confirme. Officiers romains démissionnaires à la tête des insurgés. Proclamation de Garibaldi dans *la Riforma* d'aujourd'hui : « Romains, sur votre terre on combat; il y a des hommes pour qui je donnerais mille fois ma vie. (*Uomini sono; darci mille vite*); n'écoutez point les hésitations; levez-vous! Demain, vous aurez les applaudissements de l'Italie; le monde est attentif à votre héroïsme.

Garibaldi.

Signé : Antonio.

Florence, 15 octobre 1867.

(N° 3.) *A Giuseppe Galli, Terni.*

Je puis remettre 1,000 gibernes, 500 ceinturons, 1,000 fourreaux, 1,000 plaques. Voulez-vous 1,000 képis bleus, 700 sabres-poignards? Communiquez-moi prix; paiement Florence.

Signé : Diana.

Florence, 15 octobre 1867.

(N° 4). *A Bollatore, via Finanze, Turin.*

Puis-je traiter fourniture avec le comité? Vous êtes à portée de faire, comme vous l'avez dit, affaire garantie.

Signé : C. LUCCHESI.

Florence, 16 octobre 1867.

(N° 5.) *A Enrico Cecconi, Orvieto.*

Expédiez tout de suite Terni à Giuseppe Galli, 500 gibernes, ceinturons, fourreaux, plaques; 500 képis.

Signé : BALLARINI.

Florence, 16 octobre 1867.

(N° 6.) *Au major Cesare Martinelli, Narni.*

Je vous prie télégraphier à Acerbi que je tiens à sa disposition 2,200 paires chaussures, 200 paires bottes ou bottines, s'il veut en faire l'acquisition.

Signé : RUBINI.

Narni, 18 octobre 1867.

(N° 7.) *Au président du conseil des ministres, Florence.*

Empêchez départ des volontaires. Ils embarrassent au lieu de servir. Ils sont extrêmement nombreux. On ne sait qu'en faire.

Signé : CRISPI.

Florence, 19 octobre 1867.

(N° 8.) *Au comité général, Terni.*

Je prie le comité de renvoyer Oreste Ristori, fils de Gaetano, mineur, qui s'est enfui de la maison paternelle.

Signé : GAETANO RISTORI.

Florence, 21 octobre 1867.

(N° 9.) *A Giovagnoli, capitaine, Poggio-Mirteto.*

Ghirelli est parti. La légion est dissoute. La direction des volontaires est confié au général Fabrizzi, à Terni. Demandez des ordres. Saluts à tous.

Signé : GULMANELLI.

(N° 10.) *A Vanutelli, à Narni.*

Accepté démission. Gulmanelli a écrit chaudement à Fabrizzi pour qu'il pourvoie à fusion avec Menotti. Salut à tous.

Signé : GHIRELLI.

Terni, 24 octobre 1867.

(N° 11.) *A Grossi, Mercato Nuovo, Florence.*

Tout va bien. Beaucoup de monde. Garibaldi a passé frontière. Je cherche Arthur. Ma lettre.

Signé : ANGELO.

Florence, 24 octobre 1867.

(N° 12.) *A Monsieur Buglielli, Foligno, pour Passo-Corese.*

Détails manquent sur mouvement romain. Envoyez personne de confiance pour nous informer du véritable état des choses.

Signé : CRISPI.

Florence, 24 octobre 1867.

(N° 13.) *Au député Botta, Terni, pour Poggio-Mirteto.*

Restez à votre poste jusqu'à ce que vous soyez remplacé. Envoyez-moi quotidiennement des nouvelles par télégraphe et par lettres. Avisez Buglielli, à Passo-Corese, d'envoyer et non point au ministère les nouvelles qu'il recevra de Checco.

Signé : Crispi.

IV

NOUVEAUX DOCUMENTS SUR L'EXPÉDITION GARIBALDIENNE

A M. le Président de la Chambre des députés.

Florence, 23 janvier 1868.

Monsieur le Président,

En suite de la déclaration faite par M. le Président du conseil des ministres, dans la séance du 14 janvier courant, j'ai l'honneur de présenter à Votre très-honorable Seigneurie les originaux des documents sur lesquels M. le député Rattazzi, dans cette même séance du 14, a appelé l'attention de la chambre et du ministère. Puis, comme on a mis en doute l'authenticité et l'exactitude des copies qui en furent faites, et qu'on a même interprété, dans un sens contraire à la loyauté de celui qui les a présentées, quelques erreurs matérielles qui s'y sont rencontrées, Votre Seigneurie voudra bien me permettre de replacer les choses sous leur véritable aspect.

Les deux dépêches comprises sous le n° 19 de la table indicative portent, dans l'imprimé, la date du 10 octobre 1867. Quelques jours avant que cette date fût contestée par l'honorable M. Ratazzi, l'erreur était reconnue par le soussigné, qui déjà l'avait admise et rectifiée dans une lettre particulière adressée à une personne à qui il importait de vérifier la chose. L'erreur avait d'ailleurs son origine en ce que la copie authentique, transmise au soussigné par la préfecture de Gênes, leur attribuait la date du 10, tandis qu'en réalité il apparaît, de l'inspection de l'original, que la date réelle était celle du 16. On ne peut du reste faire un reproche à la préfecture de Gênes d'avoir commis cette erreur, car il suffit de jeter les yeux sur l'original pour voir que la date du jour était écrite de façon qu'on pouvait aisément lire le chiffre 10 au lieu du chiffre 16.

La chambre trouvera donc dans le dossier n° 19 :

1° La copie authentique des dépêches qui a donné lieu à l'erreur de date ;

2° La dépêche du questeur de Gênes adressée au ministère le 16 octobre 1867 et la dépêche originale reçue en réponse par le questeur, sous la date du même jour et signée : Monzani ;

3° La dépêche originale en chiffres, expédiée par le *cabinet du chiffre* au bureau télégraphique central pour être transmise à Gênes, et d'où il ressort que cette dépêche existe réellement, avec toutes les formes qui peuvent certifier son authenticité, sans nulle différence avec toutes les autres qui se trouvent au ministère.

Sous le n° 37 du même dossier se trouve la dépêche originale écrite tout entière de la main de M. de Ferrari, le 15 octobre 1862, pour donner ordre au questeur de Gênes de fournir le transport gratuit aux individus qui lui seraient recommandés par l'avocat Brusco et par le capitaine Fontana, ainsi que la copie qui en fut transmise au questeur pour le bureau télégraphique de Gênes.

Le ministre de l'intérieur, dans la séance du 20 décembre dernier, a présenté la liste des six cents individus que le questeur de Gênes, sur l'ordre qu'il avait reçu, fit partir de cette ville pour la destination indiquée par les personnages ci-dessus mentionnés, depuis le 16 jusqu'au 20 octobre 1867. Même à l'égard de cette liste, bien qu'elle eût été soumise officiellement et avec tous les caractères d'authenticité, on a voulu élever ses doutes. M. le commandeur de Ferrari spécialement dans sa lettre (1) qui fut lue à la chambre par l'honorable M. Ratazzi, a osé affirmer qu'elle ne pouvait constituer qu'*un faux* ou *une énorme exagération*. Sans vouloir relever ici l'insinuation, qui, si elle n'atteignait pas le ministre de l'intérieur, retomberait sur le magistrat très-intègre qui a dressé cette liste et qui l'a

(1) Il s'agit ici de la lettre ci-dessus, n° 34.

transmise, le soussigné répond simplement à une pareille accusation en déposant, marqué de la lettre A dans l'annexe n° 37, le rapport original par lequel la questure de Gênes (interrogée par lui-même à cette fin) a transmis au ministère les *réquisitions nominatives* conservées dans les bureaux de la questure de Gênes, « lesquelles ont été adressées, sous la signature de M. Fontana, à ces mêmes bureaux, du 16 au 20 octobre dernier, pour procurer des moyens de transport aux individus qui s'y trouvent indiqués, en destination des frontières pontificales. »

On voit clairement, d'après la note de la questure, que les individus en question devaient être au nombre de 652, mais qu'en réalité il n'y en a eu que 599, par la raison que le questeur suspendit l'envoi des derniers, par suite du télégramme de la préfecture de Bologne, qui priait de surseoir à l'expédition des jeunes gens en menaçant, dans le cas contraire, de les renvoyer en arrière, malgré les réquisitions administratives (1).

Quant au télégramme n° 26, qui porte la date du 12 octobre et dans lequel le directeur général de la sûreté publique écrivait au questeur de Naples :

« Vu Lopasso, et recommandé de sauver les apparences avec le plus grand soin, etc. »

Il n'est pas établi pour le ministère qu'il se rapportât aux moyens de procéder contre plusieurs comptables, accusés de soustraire frauduleusement à la circulation publique des valeurs métalliques et des billets de banque de menue valeur (2).

M. le député Rattazzi a prétendu encore que le « ministère de l'intérieur aurait dû pourvoir à ce que tous les papiers importants fussent connus et que chacun pût se faire une idée exacte de tout ce qui avait été ordonné, en ajoutant que le ministère trouva plus opportun et plus convenable d'en présenter seulement une partie. »

(1) M. Cornero, préfet de Bologne, qui ne recevait du ministère aucunes instructions, s'inquiétait à bon droit du grand nombre de volontaires qui, en passant à Bologne, menaçaient d'y troubler la tranquillité et y enflammaient le sentiment révolutionnaire.

(2) Certes, M. Borromeo est ici bien modéré dans ses appréciations. Qui peut sérieusement croire que l'on envoyât des dépêches si mystérieuses et que l'on fit ainsi voyager Dopasso entre Naples et Florence à propos d'une spéculation suspecte sur des billets de valeur

« Parmi les documents présentés par le ministère, disait-il, se trouvent les réponses des demandes qui n'ont point été publiées, ei il y a des demandes adressées à des préfets ou à des fonctionnaires publics, dans les réponses, qu'il eût été nécessaire de retrouver. »

La vérité est celle-ci : que, sauf les documents formant la première partie de la publication et qui avaient été envoyés par le ministère de l'intérieur au ministère de grâce et justice, et sauf quelques dépêches télégraphiques qui se trouvent enregistrées, le soussigné n'a trouvé dans les bureaux aucune autre pièce qui pût être utilement publiée. Les télégrammes auxquels répondent les télégrammes connus n'existent point au ministère de l'intérieur. Les réponses faites à diverses demandes adressées par des préfets et autres fonctionnaires publics ne s'y trouvent pas davantage (1).

Il semble qu'il existe aussi des lacunes jusque dans la correspondance officielle du ministère de l'intérieur avec le ministère de la guerre et avec les préfets. Cela est si vrai que l'on ne trouve point ici la note du ministre de la guerre au ministre de l'intérieur, en date du 7 octobre, dont M. le député Rattazzi a déposé la copie, marquée du n° 33 ; on ne trouve pas non plus le rapport remis par le préfet de l'Ombrie, en date du 25 septembre, sur la première arrestation du général Garibaldi, et lorsque M. le député Mari, alors garde des sceaux, en fit la demande avec instance, il fut nécessaire d'en demander une copie à Pérouse.

Le fait est que la plus grande partie des télégrammes déposés précédemment par le ministre de l'intérieur sur le bureau de la très-honorable présidence n'ont été connus du soussigné que lorsqu'il s'est adressé aux archives de la direction départementale des télégraphes, à Florence, et qu'il a obtenu ainsi des copies, prises aux archives, des télégrammes transmis, reçus ou enregistrés à leur passage.

On n'a donc aucun droit de reprocher au ministre de n'avoir pas présenté d'autres documents, du moment que tous ceux

(1) D'où il ressort ou que le ministère ne répondait pas aux préfets qui lui demandaient des instructions contre le mouvement, ou que les réponses du ministère ont été brûlées. En un cas comme dans l'autre, M. Ratazzi savait ce qu'il faisait en en demandant la publication.

qui n'ont point été trouvés, enregistrés ou déposés, dans les bureaux de Florence, ont dû être par lui demandés ailleurs, et qu'il n'a pu s'assurer s'il a eu communication de tous ceux qui ont existé.

Du reste, le soussigné, pour prouver mieux encore son désir que, dans cette affaire, on recherche la vérité, déclare dès aujourd'hui qu'il est disposé à présenter tout document, quel qu'il puisse être, pourvu qu'on lui fasse connaître quel il est et où il se trouve, pourvu aussi que la publication n'ait rien de contraire à l'intérêt du pays. Il tient à la disposition de la Chambre les originaux de tous les documents que l'on voudrait par aventure confronter avec les copies transmises à votre très-honorable Seigneurie.

Le soussigné présente en attendant, comme annexe à cette lettre, un document parvenu à sa connaissance par voie officielle et qui se rapporte aussi aux déplorables événements de l'automne dernier.

Le soussigné a l'honneur de vous présenter, honorable monsieur le président, l'expression de sa respectueuse considération.

Pour le ministre : G. BORROMEO.

Copie d'un lettre émanée de la préfecture de Naples, en date du 10 décembre 1867, n° 28,115, adressée au ministère de l'intérieur (1) :

Florence, 17 janvier 1868.

Dans une note du 2 courant, la questure me rapporte ce qui suit :

« Je m'acquitte de l'obligation de faire connaître à Votre Seigneurie Illustrissime que le dernier chef des gardes de la sûreté publique de Naples, M. Miceli Guglielmo, en faisant récemment la remise du commandement et des effets du corps à son successeur, M. Quarto, a déclaré à mon bureau qu'il manquait dans

(1) Cette lettre jette un singulier jour sur l'affaire des menus billets et sur les dépêches qui s'y rapportent.

le magasin du corps 235 carabines avec baïonnettes, 9,700 cartouches de fusils, 2 revolvers avec leurs charges, 40 couvertures de laine blanche provenant des fournitures de la municipalité et 20 autres couvertures de laine provenant de l'administration.

« Il a déclaré en outre que ces objets avaient été prélevés dans le magasin, à la suite de dispositions orales prises par le questeur précédent, M. Lacava, qui en ordonna l'envoi, vers le milieu d'octobre dernier, par le moyen des chemins de fer romains. Ces mêmes objets furent reçus au chemin de fer, par deux fonctionnaires de la sûreté publique, pour une destination inconnue et non encore justifiée, et dont on ne trouve ni antécédent, ni aucune trace dans les bureaux de la questure.

« Des recherches qui ont été faites à cet égard paraît résulter que ces objets ont dû être fournis aux volontaires qui partaient à cette époque pour l'insurrection des provinces romaines. Toutefois, un pareil fait n'a point encore été établi par la questure, car l'on a jugé à propos de surseoir aux investigations qui s'y rapportaient, pour attendre que l'autorité supérieure les ordonne si elle le croit nécessaire dans l'intérêt de la loi et du gouvernement royal.

« En notifiant à Votre Seigneurie Illustrissime le manque de ces objets, je la prie instamment d'en prendre note pour décharge du corps de la sûreté publique.

« Votre Seigneurie Illustrissime voudra bien aussi me faire la grâce de pourvoir spécialement au remplacement des armes et de me faire savoir si mon bureau peut demander à la municipalité une fourniture extraordinaire de couvertures, en remplacement de celles qui manquent, car, en raison des rigueurs de la saison, le commandant des gardes en demande avec instance. »

Le soussigné se croit en devoir de transmettre textuellement cette note à Votre Seigneurie, pour qu'elle puisse donner, à cet égard, les ordres qu'elle croira nécessaire. Il croit toutefois utile d'ajouter qu'en ce qui concerne l'autorisation demandée par la questure de réclamer près de la municipalité le remplacement des quarante couvertures de laine manquantes, la préfecture est d'une opinion contraire, parce qu'il s'agit d'objets déjà fournis, dont l'administration de la questure se trouvait dépositaire et desquels de toute façon elle doit se rendre compte.

Le préfet, signé : MONTEZEMOLO.

Pour copie conforme,

Le chef de section, signé : DEL HEGRO.

Gênes, 18 janvier 1868.

(Réservée.) Je ne saurais mieux répondre au télégramme du ministère de l'intérieur, en date d'hier, nº 704, qu'en vous transmettant ci-jointes les réquisitions nominatives que nous avons conservées ici, signées par le sieur Fontana et adressées par lui à la questure de Gênes, du 16 au 20 octobre dernier, en vue de faire accorder des moyens de transport pour Terni aux individus qui y sont indiqués.

Le nombre de ces individus se monte à 652 ; mais, en réalité, il n'a été remis que 599 réquisitions, parce que je suspendis la délivrance des dernières, par suite du télégramme envoyé par l'autorité politique de Bologne, qui m'invitait à ajourner l'envoi d'autres individus, faute de quoi, quand même ils eussent été munis de réquisitions, la préfecture de Bologne les aurait renvoyés. Ensuite, parce que les réquisitions ne furent point remises à certains individus, dont les noms, dans la première demande, étaient marqués d'un S (*suspendus* ou *suspects?*).

Quant à la réalité de la remise des réquisitions pour lesdits moyens de transport, il sera facile à M. le ministre d'en établir la preuve, en demandant aux chemins de fer de la haute Italie les réquisitions elles-mêmes, qui ont dû être conservées dans les bureaux de chemins de fer, par mesure de comptabilité.

Signé : VERGA, *questeur*.

A M. le Ministre de l'intérieur, à Florence.

Suivent les réquisitions de M. le capitaine Giovanni Fontana, pour places gratuites sur le chemin de fer de Gênes à Terni, du 16 au 20 octobre 1867.

La questure est priée de vouloir bien accorder un billet gratuit sur le chemin de fer jusqu'à Terni aux individus ci-après :

Suit une liste de 41 noms.

16 octobre 1867.

Signé : C.-G. FONTANA.

Autre liste de 10 noms et réquisition conçue dans les mêmes termes, même date, même signature.

Troisième liste de 201 noms avec réquisition, même signature, en date du 17 octobre.

Quatrième liste de 140 noms, même date.

Cinquième liste de 124 noms, en date du 19 octobre.

Sixième liste de 80 noms en date du 20 octobre.

Cette dernière liste se termine dans les documents imprimés au n° 596. Une note explique que l'original porte le dernier nom sous le n° 599 et que la différence en moins provient d'erreurs matérielles commises dans la série des chiffres.

Enfin, dernière liste de 52 individus, inscrits dans l'état original et auxquels, pour les raisons indiquées ci-dessus dans la dépêche signée Verga, il n'a pas été accordé de feuille de route.

V

RAPPORT ADRESSÉ A S. S. PIE IX PAR LE GÉNÉRAL KANZLER

SUR L'INVASION DES ÉTATS PONTIFICAUX EN 1867

Le *Journal de Rome* publie, dans son numéro du 5 février, le rapport adressé à S. S. Pie IX par le général Kanzler, pro-ministre des armes, sur l'invasion de l'État pontifical, dans l'automne de 1867. Ce long document n'occupe pas moins de vingt colonnes du journal en question.

Le général prend les choses de loin ; après un prologue

adressé au saint-père, il entre en matière par une exposition de faits qui embrasse, dans une revue rapide, le récit du départ des troupes françaises, le compte rendu de la distribution des troupes pontificales, des fêtes du 20 avril et du centenaire de saint Pierre, ainsi que l'histoire du choléra et du brigandage dans la province de Frosinone. Passant ensuite aux préliminaires de l'invasion, l'auteur du rapport donne le tableau de la situation des troupes papales au commencement de la guerre ; nous donnons ce passage textuellement :

« La situation des troupes de Sa Sainteté se trouvait être d'environ 8,000 hommes vers la fin de 1865. Le 1er octobre 1867, elles présentaient l'effectif suivant :

« Ministère, états-majors, intendance, tribunal militaire et administration, 137 hommes ; légion de gendarmerie (avec 305 chevaux), 2,083 hommes ; bataillon sédentaire, 622 ; corps d'artillerie, comprenant la direction du matériel, 2 batteries de campagne, 3 batteries de siége, 1 dépôt d'artilleurs à pied et 1 dépôt d'artilleurs à cheval, avec 1 service du train, 328 chevaux, 878 hommes ; corps du génie, état-major et une compagnie, avec 20 chevaux, 202 ; 1 bataillon de chasseurs, 956 ; 1 régiment de ligne, 1,595 hommes ; régiment de zouaves, 2,237 hommes ; bataillon de carabiniers, 1,233 hommes ; légion romaine, 1,096 ; officiers de santé hors cadres, 9 ; une compagnie d'infirmiers, 110 hommes ; soldats, employés de l'administration des vivres et subsistances militaires, 60 ; bataillon auxiliaire de réserve, à Frosinone, 638 ; squadriglieri et auxiliaires de la gendarmerie, 625 ; corps de cavalerie, avec 276 chevaux, 442 hommes ; compagnie de discipline, 58. Total des hommes, 12,984 ; total des chevaux, 929. »

Après cet exposé de situation, le général Kanzler entre dans le récit même des événements d'octobre et du combat de Mentana. Le rapport se termine par des considérations générales et des conclusions auxquelles nous empruntons le passage suivant :

« En déposant aux pieds de Votre Sainteté le présent rapport, le pro-ministre des armes ne peut se dispenser d'exprimer les sentiments d'admiration dont il est rempli pour ces vaillants guerriers qui, dans nos divers faits d'armes, sont tombés victimes du trépas ou qui ont éprouvé des blessures graves pour la défense de la plus sainte et de la plus juste des causes. A la liste de ceux que nous avons déjà signalés, il convient d'ajouter entre autres les noms du lieutenant d'artillerie de Quatrebarbes, du sous-lieutenant de carabiniers Deworschc, du sergent Pascal, des zouaves d'Alcantara , de Hanquenet, Hugens et Mœller, qui ont succombé tous à la gravité de leurs blessures, en dépit des soins les plus assidus.

« A Mentana, Mœller avait jeté son bonnet de police au plus épais des rangs garibaldiens, en criant à ses compagnons avec un courage héroïque : « Allons le ramasser ! » et c'est en y courant le premier qu'il tombait à demi mort sous les coups des ennemis. Il faut signaler en outre au nombre des blessés le comte Edouard Racginsky, lequel a voulu signer son engagement de simple zouave la veille au soir du départ pour Mentana, afin de prendre part à ce combat, dans lequel il devait être si près de perdre la vie. Signalons aussi le caporal de carabiniers Bugnard, qui, tout blessé qu'il était, donnait à un garibaldien, plus gravement blessé encore et qui gisait à côté de lui en demandant de l'eau, le peu de boisson qui lui restait dans sa gourde et dont il avait lui-même grand besoin.

« En résumé, au terme de l'invasion, on eut la satisfaction de voir qu'il était resté au pouvoir des troupes pontificales environ 2,000 garibaldiens, beaucoup de drapeaux, pas moins de 5,000 fusils (sans compter ceux en grand nombre qui ont été détruits), des bombes et une grande quantité d'armes blanches, de munitions de guerre et de buffleteries.

« Les causes auxquelles doivent être attribués de si heureux résultats ont été en premier lieu la constante fermeté et sérénité d'âme de Votre Sainteté, qui a été pour tous d'un éclatant exemple ; en second lieu, la fidélité et l'attitude des populations, le concours prévoyant et régulier de toutes et chacune des autorités, la valeur et l'abnégation des troupes de tous corps et de toutes armes, l'arrivée des corps d'expédition français à l'heure du plus grand péril, les nombreuses fautes de l'ennemi, que nous n'avons pas à relever en ce moment.

« Très-Saint-Père,

« Le cœur de Votre Sainteté a eu sans nul doute beaucoup à souffrir en traversant, au milieu de tant d'inquiétudes, des journées si graves; mais vous n'avez pas dû manquer de consolation en voyant l'empressement avec lequel toutes les nations catholiques ont voulu être représentées dans les rangs de vos soldats, et en voyant tant de familles (depuis les plus illustres jusqu'aux plus humbles) aspirer à l'honneur d'y faire inscrire leurs enfants.

« Ces troupes ont eu le bonheur de rendre un solennel hommage de dévouement et de fidélité à la personne sacrée de Votre Sainteté, en sa qualité de pontife et de roi, et elles ont eu la gloire de signaler, par le succès de leurs armes, le début de nouveaux triomphes de la grande cause de l'ordre public.

« Par ces motifs, le ministre de la guerre implore sur les troupes de Votre Sainteté et sur lui-même votre bénédiction apostolique.

« De Votre Sainteté,

« Le très-humble, très-dévoué et très-obéissant serviteur,

« HERMANN KANZLER,

« *général, ministre de la guerre.*

Rome, le 28 décembre 1867. »

VI

BREF PONTIFICAL

POUR LA MÉDAILLE COMMÉMORATIVE DE LA CAMPAGNE DE 1867

PIE IX PAPE

AD FUTURAM REI MEMORIAM

Depuis que les ennemis acharnés du nom catholique, voulant l'anéantir tout à fait, si cela était possible, ont audacieusement entrepris de détruire le pouvoir temporel du saint-siége, et lui ayant ravi de florissantes provinces, nous en ont laissé à peine quelques-unes où nous puissions exercer notre autorité civile dans des limites bien restreintes et avec de grandes difficultés financières, ces hommes perfides n'ont jamais abandonné le projet d'occuper les provinces qui nous restent et d'envahir même cette ville auguste, où, par décret divin, a été établi le siége apostolique, fondement de la religion, maître de la foi, boulevard et forteresse de la vérité. De là les machinations et les ruses, de là la violence ouverte qu'on a employées naguère, lorsque les bandes recrutées jusque dans la plus infime populace et prêtes à tous les crimes, ayant été jetées dans nos provinces pour y lever l'étendard de la révolte, ont répandu la terreur dans les villes et les villages par leurs actes de rapine et de sacrilége scélératesse, sans néanmoins parvenir à ébranler les populations dans leur dévouement et leur amour envers nous et la chaire apostolique.

Mais au milieu de ces grands dangers, la valeur singulière de nos soldats a éclaté. En effet, on les a vus, sur les traces de leurs chefs, sans se laisser effrayer ni par les difficultés des chemins, ni par la longueur des marches, ni par les fatigues, voler avec ardeur aux lieux où il fallait réprimer l'audace de l'ennemi; on les a vu combattre si vivement et si vigoureusement, qu'ils ont défait et battu ces hordes sans frein et rendu aux habitants des campagnes et des villes la tranquillité et la sécurité.

Peu après, une bande armée ayant osé s'approcher des murs de Rome pour en tenter l'accès, dans le but d'assouvir sa rage par des incendies, le sac des maisons, la ruine des églises et le massacre des gens de bien, aussitôt que des complices, qui s'étaient introduits ici en secret et y avaient préparé de nouveaux instruments de destruction, donneraient le signal convenu, nos soldats n'ont pas manqué à leur devoir. En effet, les embûches ayant été découvertes, ils ont déjoué la perfidie des conjurés, en ont dispersé et exterminé une partie, ont arrêté les autres, et sauvé ainsi ce siége de la religion et des beaux-arts d'une destruction imminente.

Une nouvelle occasion s'est ensuite présentée à nos milices de montrer leur valeur. Un ramassis d'hommes armés s'étaient emparés de Monte-Rotondo, y avaient commis des iniquités sans nombre et méditaient une nouvelle agression contre Rome, dans leur cupidité effrénée. Nos soldats, avec les Français, leurs auxiliaires, ont marché contre eux. On s'est battu près de Mentana avec une telle ardeur et un tel courage, que cette multitude de brigands (*prædonum illam multitudinem*), quoique supérieure en nombre, a été dispersée, a éprouvé de grandes pertes en blessés, en morts et en prisonniers, et que le reste s'est enfui sous la conduite de l'homme audacieux qui les commandait.

Après cette victoire insigne, les troupes sont rentrées à Rome et y ont été accueillies par une réception triomphale, car la ville tout entière s'est portée à leur rencontre et a exalté par des acclamations et des applaudissements les gestes héroïques de ces braves. Afin que le souvenir de cette victoire, qui n'a pas été obtenue sans le secours de Dieu et qui a été célébrée dans le monde entier, se perpétue d'âge en âge, nous avons ordonné de frapper une médaille d'argent en forme de croix octogone, et portant d'un côté, autour des insignes de la dignité pontificale, les mots : *Pius PP. IX. An. M.D.CCCLXVII*, avec cette légende : *Fidei et virtuti;* de l'autre, une croix et l'inscription : *Hinc victoria.*

Nous concédons à tous et à chacun des soldats présents sous nos drapeaux le droit de porter cette médaille sur le côté gauche de la poitrine, suspendue à un ruban blanc et bleu, et nous leur accordons, en récompense de leurs services, la remise d'une année sur le nombre de celles qui leur sont fixées pour obtenir de l'avancement ou la retraite. En outre, nous donnons ce même droit à tous et à chacun des soldats français qui ont combattu avec les nôtres à Mentana contre les bandes ennemies. Enfin, pour que ces braves qui ont offert leur sang et leur vie pour défendre nos droits et préserver Rome de la fureur des impies, aient de nous un solennel éloge de leur valeur, nous déclarons par les présentes qu'ils ont bien mérité de nous, du Saint-Siége et de la cause catholique; ce qui est certainement ce qu'on peut dire de plus honorable, de plus glorieux, de plus propre à donner aux noms des hommes l'immortalité.

Donné à Rome, près Saint-Pierre, sous l'anneau du Pêcheur, le XIV novembre MDCCCLXVII, de notre Pontificat l'an XXII.

N. CARD. PARACCIANI CLARELLI.

VII

UNE CALOMNIE GARIBALDIENNE ÉNERGIQUEMENT RÉFUTÉE

On lit dans la *Gazette de Turin*, du 28 :

« On nous prie de reproduire la lettre suivante que le général Garibaldi a adressé à M. Barilli :

« Caprera, 22 janvier 1868.

« Cher Barilli,

« Comme je crois inutile de faire des réclamations au gouvernement actuel, — à propos de nos blessés de Rome, — je vous prie de publier les quelques lignes suivantes, — que j'espère voir reproduites par tous les journaux de la Péninsule.

« Nos blessés, à Rome, meurent en butte à d'ignobles traitements, aux soins inquisitoriaux des prêtres, et peut-être...

« Est-ce que ces gens-là ne sont pas capables de toute sorte de scélératesses?

« Que les blessures avec lesquelles on entre à l'hôpital soient graves ou légères, — on y meurt! Voilà les renseignements que je tiens de plusieurs personnes respectables qui font, en outre, un tableau des plus tristes des privations et des insultes brutales auxquelles sont soumis nos malheureux frères d'armes dans la capitale du monde jésuitique.

« Toujours à vous,

« G. GARIBALDI. »

M. le vicomte Charles de Saint-Priest, secrétaire particulier du général Kanzler, a adressé la réponse suivante à Garibaldi :

« Sans crainte d'être contredit par personne,

« Tant au nom des corps médicaux romains et étrangers qu'au nom de ceux qui, concurremment avec nos sublimes sœurs de Saint-Vincent-de-Paul, ont oublié sur le champ de bataille et dans les hospices à quels adversaires ils avaient affaire pour prodiguer les soins les plus dévoués,

« Je vous donne, à vous, général, et à ceux qui vous ont renseigné, le plus énergique démenti qu'un homme d'honneur puisse jeter à la figure de celui qui abandonnait à Mentana ses soldats, et nous laissait recueillir, ce qui sera l'éternel honneur de nos ambulances, les blessés qu'il avait lâchement compromis dans sa folle équipée et dans sa fuite précipitée.

« Vicomte CH. DE SAINT-PRIEST.

« Rome, 8 février 1868. »

Voici une nouvelle réfutation des calomnies garibaldiennes ; nous l'empruntons à une correspondance d'un journal anglais, le ***Morning-Herald*** :

« Le docteur Wayne, le docteur Smalle, le docteur Trophani, ainsi que les comtes de Clarendon, de Mount-Edgecunde, Kinchnbroke, les lords Hyde, Beaumont, et les consuls anglais et américains, ont tous visité les hôpitaux ; ils ont tous été témoins de la bienveillance des autorités. J'ai été à Saint-Honofrio; il y a seulement trois jours. Il ne restait que vingt-neuf malades, encore presque tous sont-ils en état de voyager dans quelques semaines, et quelques-uns ont été depuis renvoyés. Un jeune garçon de dix-neuf ans, nommé Gregori, recevait son dîner, lorsque je suis entré avec plusieurs amis anglais.

« Nous ne fûmes pas médiocrement surpris du ton insolent et arrogant dont il traitait les sœurs qui étaient de service ; il se plaignait de la nourriture, et c'était précisément la même qu'on donnait aux zouaves : du poulet rôti et de la soupe de riz. Pendant que nous étions là, ce jeune patriote, si plein d'avenir, jeta au milieu de la salle son plat tout rempli de nourriture pour son dîner, en vomissant un torrent d'injures que n'eussent pas tolérées un seul instant les chefs d'un hôpital anglais. La bonne et patiente religieuse qui les servait se contentait de dire : « Pauvre « garçon, il est de mauvaise humeur aujourd'hui ! Sa blessure le « fait souffrir, et il faut que les signori l'excusent. »

« Le guide de Menotti Garibaldi, natif de Terni, sujet du pape, est un de ceux qui restent encore. Il est presque bien, et sera renvoyé dès que sa blessure sera guérie. Les amputations n'ont pas réussi dans la plupart des cas; mais ce triste résultat a eu lieu à San-Spirito, où une seule amputation grave a eu du succès. Il ne faut attribuer ce fait qu'au climat, qui est excessivement défavorable à la chirurgie, et à la saison, qui a été une funeste succession de sirocco et de vent du nord extrêmement piquant. Depuis le 4 octobre, j'ai passé peu de jours sans visiter les hôpitaux ; je suis donc parfaitement en mesure de démentir péremptoirement les assertions contenues dans la lettre de Garibaldi.

« Le père Gerlach, l'abbé Cassarette de Subrara, Mgr Stonor, le docteur O'Connor, du collége américain, ainsi que toutes les sommités médicales étrangères et anglaises qui sont à Rome, soit civiles, soit militaires, aussi bien que les innombrables visiteurs de tous les pays qu'on a invités à inspecter les hôpitaux garibaldiens, sont les meilleures garanties possibles qu'on n'a exercé aucun acte de cruauté, qu'on n'a insulté aucun malade et qu'on n'en a pas même eu l'idée. En ma qualité d'externe des hôpitaux, et constamment en communication avec leurs chefs, j'ose ajouter mon propre témoignage tant à Rome que sur les champs de bataille de Nerola et de Mentana. »

VIII

UNE RÉVÉLATION SUR GARIBALDI

On lit dans le *Courrier des États-Unis*, du 8 février :

« On ne s'était pas douté, jusqu'ici, que Garibaldi fût un agent secret des États-Unis. Le fait est pourtant exact : c'est M. Seward qui l'affirme. Le secrétaire d'État, conformément à une résolution du congrès, a transmis à cette assemblée les noms des agents secrets qu'il a employés depuis 1861.

« Le général Garibaldi, le patriote italien, figure parmi ces agents. Les autres, du moins, sont Américains. M. Mac Cracken, l'espion de la diplomatie officielle, avait du moins cette excuse qu'il pouvait croire servir son pays. Quelle est l'excuse de Garibaldi ? Et combien a-t-il reçu du cabinet de Washington ? Ou bien a-t-il gratuitement prêté ses services occultes à l'Union américaine ?

. . . .

« Les révélations relatives aux fonds secrets du département d'État pour solder les services d'agents à l'étranger ont causé à New-York une vive émotion. Le nom de Garibaldi, compris dans la liste de ces agents, a été accueilli avec une impression mêlée de surprise et de désenchantement. On a peine à se figurer l'ermite de Caprera, dont le désintéressement fait le principal prestige, à la solde secrète d'un gouvernement. »

IX

LE LIVRE ROUGE AUTRICHIEN & LA QUESTION ROMAINE

Relativement à la question romaine et à la question italienne, l'Exposé de la situation de l'empire d'Autriche dit :

« De même que l'Autriche a mis un haut prix au maintien des relations amicales avec l'Italie, de même celle-ci s'est montrée bienveillante envers l'Autriche. Le départ de la garnison française de Rome a réveillé les passions et a provoqué un conflit entre les prétentions à l'unité italienne et les intérêts du catholicisme. On a donné au pape les déclarations les plus franches au sujet de l'impossibilité pour l'Autriche de lui prêter un secours matériel.

« Au mois de novembre 1866, une corvette autrichienne a été envoyée à Civita-Vecchia pour la protection des nationaux autrichiens. La France voulait d'abord voir dans cette mesure une marque de méfiance ; cependant des déclarations réciproques, satisfaisantes, ont rendu indubitable la résolution de la France d'exécuter la convention de septembre. Les inquiétudes qu'a conçues la diplomatie romaine ont déterminé l'Autriche, au mois de mars 1867, à engager avec la France des pourparlers au sujet des éventualités qui menaçaient le territoire pontifical. Alors on doutait à Paris de la gravité du danger. »

Après avoir passé en revue les événements du mois de septembre dernier dans les États pontificaux, l'Exposé conclut en ces termes :

« Le gouvernement impérial, en appréciant les vœux légitimes de la France d'alléger sa responsabilité par une délibération commune de toutes les puissances européennes sur la question romaine, a accepté sans réserve l'invitation à une conférence sans programme précis, ainsi que la proposition d'une conférence préalable des cinq grandes puissances. Il attend ce qu'il adviendra plus tard de ces propositions. »

X

LES MOYENS MORAUX DE GARIBALDI

Dans la convention du 15 septembre, il était beaucoup parlé des moyens moraux pour arriver à la solution de la question romaine. Un document qui vient d'être livré à la publicité nous révèle comment le chef des volontaires entend cette solution. C'est une lettre de Garibaldi au député Crispi, lors de la première captivité du bras droit de M. Ratazzi :

« A bord de l'*Esploratore*. Ile de la Maddalena.
27 septembre 1867.

« Cher Crispi,

« Après très-mûr examen de la situation, je ne vois qu'un seul moyen d'y remédier, à la satisfaction de la nation et du gouvernement :

« Envahir Rome avec l'armée italienne, et tout de suite.

« Que le gouvernement ne pense pas satisfaire l'Italie d'autre manière : elle peut pardonner ses misères et non pas sa dégradation. Aujourd'hui ce n'est pas seulement la nation italienne, c'est encore l'armée qui se sent insultée, et si, à Alexandrie, acclamé moi-même par la garnison tout entière, j'avais voulu dire un seul mot de nature à exciter à laver les hontes italiennes, officiers et soldats m'auraient suivi partout où j'eusse voulu.

« C'est au gouvernement à peser ces considérations : qu'il soit bien convaincu que quelques jours d'énergie suffiront pour tout arranger et pour se concilier la nation entière, et si l'étranger faisait mine de menacer de nous mettre aux fers, nous nous soulèverions tous, même les femmes et les enfants, et assurément le monde verrait la décision résolue d'un peuple comme il n'en a pas encore vu. Réponse sur-le-champ.

« Tout à vous,

« G. GARIBALDI.

« Pour copie conforme :

« Le commandant de l'*Esploratore*,

« DRAGONETTI. »

XI

LA LÉGION D'ANTIBES

On sait quel tapage la presse révolutionnaire a fait autour de la légion d'Antibes, qui a pris une si grande part à la défense du territoire pontifical. Un poëte a composé pour cette héroïque légion un chant militaire dont voici quelques couplets :

L'impie a vu rougir le Tibre
Des flots du plus généreux sang ;
Et le Pontife reste libre
Sous son anathème impuissant.

Si son front ivre se redresse,
Marchons! des preux fiers héritiers;
Que le Golgotha disparaisse
Sous la moisson de nos lauriers!

France et Rome! que dans l'histoire
Vos étendards soient réunis.
Nos exploits confondront leur gloire
Sous la main qui les a bénis.
En avant! vainqueur ou victime,
En avant! héros ou martyr :
La palme est là, but magnanime,
Et nous saurons la conquérir!

Salut! ô cité trois fois sainte!
Nos fronts s'inclinent devant toi.
A genoux devant ton enceinte,
Voici les soldats de la Foi.
Dans sa grandeur mystérieuse,
Puissent nos bras rendre à jamais
L'Église du Christ radieuse
Au sein des splendeurs de la paix!

XII

LES VOLONTAIRES CANADIENS

A l'appui des renseignements que nous avons publiés sur l'empressement de la jeunesse catholique à venir grossir les rangs de l'armée pontificale, nous pouvons reproduire les lignes suivantes, publiées dans le *Courrier du Havre* du 4 mars 1868 :

« Parmi les passagers du paquebot *Saint-Laurent*, venant de New-York, se trouvaient 136 Canadiens qui vont, sous le commandement du capitaine Jos. Taillefer, grossir l'armée pontificale.

« Ces volontaires ont bonne mine sous leur chemise de laine

grise, et se montrent fiers de la cause au service de laquelle ils se mettent avec tant de dévouement.

« Le mot de dévouement n'est ici que l'exacte expression de la vérité. En effet, ces hommes, que les furibonds adversaires de la papauté s'obstinent à qualifier de mercenaires, s'équipent à leurs frais, et pendant les deux années qu'ils vont passer à Rome, ils ne coûteront rien à Pie IX.

« L'intérêt particulier n'est pour rien dans leur détermination, et le sacrifice qu'ils font, bien que l'ardeur de leurs convictions le leur rende facile, n'en est pas moins très-réel.

« Ils savent qu'ils n'ont rien autre chose à gagner à Rome que les bénédictions du père des fidèles et l'honneur de soutenir le trône du chef de la catholicité, et pour cet honneur, pour ces bénédictions, ces soldats, parmi lesquels on compte des médecins, des avocats, des membres des familles les plus considérées du Canada français, quittent pour un temps assez long le pays où ils ont leurs affections et leurs intérêts.

« Ce n'est pas d'ailleurs seulement comme défenseurs d'une cause sainte qu'ils méritent nos sympathies. En dehors même de cette considération, nous ne saurions laisser passer sans un salut cordial les fils de ceux qui, commandés par Montcalm, ont honoré le nom français sur le continent américain.

« Les zouaves canadiens n'ont pas attendu, pour mettre pied à terre, que le *Saint-Laurent* fût entré au bassin. Ils se sont fait débarquer ce matin, et ils ont pris le train de onze heures pour se rendre à Marseille, d'où ils s'embarqueront pour l'État romain. »

Le passage à Paris de cette vaillante cohorte de volontaires a inspiré au *Monde* les réflexions suivantes :

« Nous avons vu passer les jeunes Canadiens qui se rendent à Rome pour la défense de l'Église catholique et du souverain pontife : d'autres, et en aussi grand nombre, sont en route pour les suivre. Qui n'admirerait ce pieux élan ? C'est l'ancienne France qui se retrouve avec son esprit de foi et ses hautes vertus. Le Canada reste fidèle à des mœurs que nous désertons chaque jour; il n'a pas été, comme la mère-patrie, ravagé par les révolutions. La Hollande s'est particulièrement distinguée;

beaucoup de ses enfants sont tombés à Mentana. Toutes les nations concourent ainsi à la croisade. Et, quoi que fasse notre siècle, c'en est la plus grande gloire. En d'autres temps, les chrétiens ont arraché à l'islamisme le tombeau du Sauveur : ils se dévouent aujourd'hui, par le sacrifice de leur vie, à Notre-Seigneur lui-même dans la personne de son vicaire. L'intérêt de la lutte s'est accrû. Rome, plus sainte que Jérusalem, est assiégée. Nos ennemis nous font un reproche : Quoi! vous êtes deux cent millions de catholiques, et vous n'avez pas trois cent mille hommes à envoyer au secours du saint-père! Ils en concluent que la foi est morte : elle n'est qu'endormie. Peu importe par qui la délivrance s'opère. Dieu veille sur son Église et la soutient par des voies qui nous échappent. Les Hongrois ont proposé plusieurs escadrons à Pie IX, et l'Espagne nous remplacerait au besoin. Et la France, si les lois civiles laissaient plus d'initiative aux citoyens, croyez-vous qu'elle n'inonderait pas l'Italie de ses volontaires catholiques? »

XIII

ROME JUGÉE PAR L'ARCHEVÊQUE D'AVIGNON

Nous ne pouvons mieux clore cette série de documents qu'en reproduisant la page éloquente tracée par Mgr Dubreuil, archevêque d'Avignon, sur la ville éternelle et sur les derniers événements qui ont illustré la campagne romaine. Le peintre est à la hauteur du tableau :

« ... Rome!... Quel cœur d'homme et de catholique n'a tressailli à l'aspect de cette cité fameuse, dont les ruines sont encore ce qu'il y a de plus grand après la religion qui l'a conquise et qui l'abrite dans son immortalité. Qui peut, sans ressentir une émotion profonde, poser le pied sur cette terre où sont venues toutes les grandeurs d'ici-bas et toutes les grandeurs du ciel, où la main de l'homme et celle de Dieu ont laissé leur plus forte empreinte !

« C'est là, sur ces collines où il voulait s'asseoir et attirer de bonne heure les regards de la terre, que Dieu suscita cet homme étrange qui vint un jour du milieu des forêts, portant dans son cœur insatiable et dans sa tête ardente le germe et le plan de l'empire du monde ; c'est là qu'appelant d'un coup de sifflet et rassemblant autour de lui les pâtres d'alentour, il en fit des héros tels qu'on n'en vit jamais, des hommes, comme leur chef, affamés de combats, tourmentés par un besoin incessant et surnaturel de vaincre, d'irrésistibles conquérants, qu'il employa pendant sept cents années, sans leur permettre de se reposer un jour, à porter dans ces murs les dépouilles de toutes les nations ; et quand le sol y fut jonché d'assez de sceptres et de couronnes, quand il trouva sa demeure assez embellie, son trône assez haut ; au moment où les césars satisfaits se croyaient les maîtres paisibles de l'avenir, au moment où ils se flattaient d'avoir établi solidement leur empire, il vint, poussant du pied leurs palais superbes, commencer le sien et montrer que l'avenir n'appartient qu'à lui ; il conduisit Pierre sur leurs débris, et, pour les confondre davantage, c'est d'un pêcheur qu'il voulut se servir pour apprendre aux enfants de Romulus comment on bâtit une ville éternelle.

« Ne touchons pas à cette arche sainte : Rome appartient à Dieu ! C'est la Providence qui le révèle à qui sait le comprendre ; ce sont les siècles, ce sont les peuples et les grands hommes qui en furent la personnification puissante (1) qui l'ont dit en passant avec d'immortelles paroles ; ce sont ces ruines, fières d'avoir abrité les maîtres du monde, qui le proclament ; c'est la religion qui l'a écrit partout sur cette terre travaillée jusqu'au fond de ses entrailles par les miracles de sa foi, couverte de toutes parts par les prodiges de sa charité, par les monuments et les miracles de son génie.

« Rome est un grand livre où le christianisme a écrit son histoire, tantôt par la main de Raphaël, sur les murs du Vatican,

(1) Charlemagne, Napoléon.

tantôt par celle de Michel-Ange, sur les voûtes de l'église de Saint-Pierre; où il l'écrit encore de nos jours avec la même gloire sur la basilique de Saint-Paul (1), sublimes pages que le monde admirera toujours avec la religion qui les inspira et qui seule a pu les produire... Mais les plus belles, les plus saisissantes, celles qu'on vient vénérer avant toutes des extrémités de la terre, et que la piété ne lit qu'à genoux, ce ne sont point celles que le génie a faites avec des colonnes de marbre et d'airain, avec l'or et le porphyre, ce sont celles que Pierre écrivait dans la prison Mamertine avec ses larmes, celles que les martyrs ont écrites dans les catacombes avec leur sang.

« Au-dessous de la Rome antique et de la Rome chrétienne, i est une troisième Rome dont on ne connaît pas encore toutes les limites, et qu'on appelle la Rome souterraine. Elle n'est peuplée que de tombeaux; mais ces tombeaux sont des reliques, et ce que la terre garde de plus saint, après la tombe où Jésus a reposé.

« C'est dans ces lieux que la vie de Rome païenne, qui se mourait de corruption, se retira, comme la vie d'un malade se retire au cœur, et qu'elle y fut refaite sous la main de Dieu, au contact des vertus et des vérités chrétiennes.

« C'est là que demeura longtemps caché le berceau de l'Église et le trésor de l'Évangile.

« C'est dans ce majestueux repaire que le lion de Juda, qui devait déchirer de ses ongles l'aigle des Césars, vint se reposer un moment, et, comme cette tête où Samson répara ses forces, distiller le miel où l'humanité fatiguée répara les siennes.

« Moïse quitta ses sandales avant d'approcher du buisson ardent, et quel est le pèlerin qui ne s'est arrêté un instant sur ce seuil pour élever son âme, pour purifier ses pensées?...

« Source pure, longtemps ignorée des rivages qu'elle fécondait, arche où, comme la colombe, des vierges, que le siècle était indigne de posséder, vinrent attendre de meilleurs jours: vous qui, tandis qu'elles priaient, avez vu les disciples du Christ se partager les nations, s'élancer pour les conquérir, mystérieux réduits, saintes catacombes, quelle lumière égale vos ténèbres,

(1) Que Pie IX a fait construire avec une magnificence qui rappelle Saint-Pierre: cette immortelle basilique suffirait seule à illustrer son règne.

quelle harmonie est comparable à votre silence encore ému, quel or vaut cette poussière que les pieds osent à peine fouler!

« Salut! murs sacrés qui savez tant d'augustes secrets, qui abritez tant de souvenirs, qui gardez encore, sur un triple rang et comme une armée rangée en bataille, ces sépulcres innombrables, où, leur palme à la main, attendent les gloires de la résurrection, tant de jeunes martyrs, qui étaient venus le matin prier ici pleins de force et de vie, et qu'on y portait le soir tout sanglants, froment de Jésus-Christ à moitié moulu par les bêtes féroces.

. . . .

« En parcourant Rome, un juste sentiment de fierté chrétienne nous était monté au cœur. Un autre sentiment non moins légitime y était venu avec celui-là; pourquoi hésiterions-nous à le dire ici? c'était un sentiment de fierté nationale. J'avais été fier de mon pays en parcourant ces campagnes d'Italie, toutes couvertes de nos champs de bataille; j'en étais encore plus fier à Rome.

« Nous aussi, fils des Gaulois et des Francs, nous avions eu là, comme l'Eglise, nos jours de douleur et d'insulte... Mais pour nous, comme pour elle, l'heure du triomphe et de la réparation est enfin venue.

« Il fut un temps où Rome, qui ne pouvait pardonner à nos pères d'avoir ébranlé son éternité naissante (1), les vendait comme de vils troupeaux sur le marché des camps, sur les places publiques. Quand, fatiguée de plaisirs vulgaires, il lui fallait des plaisirs barbares, elle les faisait s'égorger dans les amphithéâtres, dans ses festins; elle s'amusait de leur courage après en avoir tremblé.

« Quel changement!

« Depuis qu'un vieillard est venu porter au premier de nos rois le baptême et la mission méconnue des Césars, tout ce que Dieu a fait ici et dans le monde, pour la gloire de son Église, c'est par nous qu'il l'a fait; par nous, devenus les instruments de sa droite : ***Gesta Dei per Francos.***

« C'est nous, c'est un de nos souverains qu'ils auraient appelé barbare et qui portait dans sa pensée chrétienne autant de génie

(1) Prise de Rome par les Gaulois.

qu'aucun du peuple-roi : c'est Charlemagne qui, étendant son sceptre et son épée victorieuse sur l'antique cité, dit aux peuples inquiets qui déjà la convoitaient comme une proie : Elle est à moi... je la donne à Dieu, à son vicaire, seul capable de la remplir. A nous les empires qui passent : la ville éternelle à l'Eternel !

« Et depuis dix siècles nous sommes là, le monde le sait, tantôt avec notre prestige, tantôt avec notre bras.

« C'est nous qui avons ramené de Gaëte l'auguste exilé, et naguères, quand ces jeunes soldats, que nous avions pris pour des enfants, qui ont été des lions au combat, auraient pu, non reculer, mais succomber enfin sous le nombre, c'est encore nous qui sommes venus à l'heure voulue couvrir des plis de notre drapeau le drapeau du vicaire de Jésus-Christ, couvrir ceux de nos fils qui le défendaient, dans ces champs de Mentana, où nous avons été salués par les cris de : *Vive Pie IX ! vive l'Empereur ! vive la France !* cris d'union et de fraternité qui se sont changés aussitôt en cris de victoire.

« Tous les nobles cœurs les ont répétés, Rome les a entendus, et les mille voix qui s'élèvent nuit et jour de son sein pour dire : Gloire à Dieu ! se sont arrêtées un moment pour ajouter : Honneur à la France !

« Nous avions tenu à commencer notre pèlerinage dans Rome en priant au tombeau des apôtres ; nous avons tenu à le finir là.

« Nous nous y sommes agenouillé et nous y avons prié pour l'Eglise, pour son illustre pontife ; nous y avons prié pour notre patrie, pour les mains augustes qui portent ses destinées, pour celles qui sont appelées à les porter. »

XIV

LETTRE D'UN ZOUAVE PONTIFICAL

Voici en quels termes un jeune zouave pontifical prouve aux feuilles garibaldiennes qu'on sait, dans son régiment, se servir aussi bien de la plume que de l'épée. Cette lettre est adressée à *l'Opinion nationale* :

« Rocca di Papa, 16 mars 1868.

« Monsieur,

« Vous trouverez, peut-être, que cette lettre manque d'actualité, et votre opinion sera des mieux fondées, puisque la correspondance à laquelle je réponds porte, je crois, la date du 1er février. Mais vous êtes trop indulgent pour ne pas excuser un pauvre petit jeune homme égaré au milieu de cette affreuse horde pontificale, sur laquelle vous répandez, avec un si incontestable talent, le fiel de votre noble et sainte indignation.

« Nous serions tentés de regretter l'ostracisme qui frappe ici vos éloquentes pages, car la vie de montagne n'est pas des plus gaies, et nous ne serions pas fâchés de trouver quelquefois l'occasion de nous amuser.

« Votre excellent journal ne peut nous parvenir que singulièrement froissé, sous le pavillon des conserves alimentaires que certaines bonnes gens de France ont encore la simplicité d'envoyer aux mercenaires pontificaux. C'est ainsi que nous reçûmes votre article, quelque peu, il est vrai, déchiré vers les angles ; mais la faute en était, je crois, à certaines phrases que vous aviez négligé de coudre solidement.

« Je ne m'occuperai point, si vous le permettez, de vos premiers paragraphes; ils traitaient de questions trop élevées pour un misérable troupier. Je crois pouvoir affirmer, cependant, que l'épouvantable incendie annoncé par vous a négligé de s'allumer. Nous l'eussions aperçu du haut de notre pic neigeux. Il aura raté comme un feu d'artifice de Caprera ou comme la foudre de Papa Piter dans l'excellente bouffonnerie d'Offenbach. J'arrive tout de suite aux passages concernant les mercenaires *stranieri*, cette effroyable soldatesque qui, chaque jour, *commet les scandales les plus flagrants, les méfaits les plus odieux, à la plus grande joie de l'administration et de la police.*

« Parlons d'abord de M. Tabarini, qui porte crânement, non pas les galons de sergent, mais ceux d'officier, si vous le voulez bien. Je le connais, lui et son chien, et je vous remercie vivement de m'avoir dénoncé leurs instincts sanguinaires. Comme les apparences sont trompeuses! Savez-vous bien que ce caniche a plus d'esprit que certaines gens qui mordent souvent leurs amis?

« Il vous était réservé, mon excellent M. Vara, de donner enfin le mot de l'énigme garibaldienne, de préciser le but poursuivi par ces vaillants que l'opinion publique affectait de croire vomis par les sentines ténébreuses des Charbonniers et des Maçons. Grâce à vous et au caniche de Tabarini, une pareille erreur ne saurait plus trouver créance. Si pendant un mois, en effet, les sentinelles garibaldiennes ont consenti à se laisser dévorer stoïquement par cet Azor indélicat, ne devons-nous pas en déduire que ces héroïques martyrs appartenaient tout bonnement à la Société protectrice des animaux?

« Permettez-moi de faire, en votre compagnie, une courte excursion sur le domaine de la géographie que vous me paraissez connaître cent fois mieux que tous nos pleutres de savants. Croiriez-vous que ces pédants-là s'obstinaient à nous enseigner que le bourg d'Acqua-Pendente fait partie du mince territoire gracieusement laissé au pape par la courtoisie italienne? Nous savons maintenant à quoi nous en tenir, et le récit du superbe combat où les nôtres ont *si courageusement abandonné leurs blessés* vous a révélé soudain comme le plus puissant, le plus profond des géographes et des historiens.

Mais vous avez poussé la délicatesse trop loin. Pour ménager notre amour-propre, vous avez évidemment atténué la gravité des faits; car, lorsque j'ai voulu entendre de la bouche d'un témoin oculaire les détails de cette épopée, je n'ai pu trouver un seul zouave y ayant assisté.

« Il est clair que vos douze bersagliers ont dévoré toute la compagnie, et cela si prestement, qu'aucun habitant du pays ne s'en est aperçu.

« Il était écrit que votre article devait être pour nous la source d'une foule de révélations. Ainsi vous nous apprenez que nous sommes armés de Chassepots. Merci, mon bon Monsieur, merci; personne ne nous l'avait dit avant vous, et (voyez notre erreur!) nous nous figurions n'avoir entre les mains que d'anciens outils, un peu en retard sur les perfectionnements apportés à l'art aimable de casser la tête à son prochain. Et même (vous l'avouerai-je?) je connais plus d'une bourgade française, celles surtout qu'honorent de leur présence les candidats au conseil général, dont les pompiers repousseraient l'offre d'échanger leurs carabines contre les nôtres. Il est vrai que, tout mauvais qu'ils soient, nos fusils portent à leur extrémité quelque chose de pointu dont les chemises rouges garderont longtemps la mémoire.

« Tenez, mon cher Monsieur, laissez-moi vous donner un tout petit conseil : Quittez le journalisme qui ne vous réussit pas, comme disent les bonnes femmes. Vous êtes né pour de grandes choses. Quel magnifique homme de guerre vous feriez! Venez ici; nous vous offrons d'emblée la place du général *Boum*. Et qui donc oserait vous souffler le panache?

« C'est chose convenue : votre couvert est mis à la 7ᵉ du 2ᵉ; vous y serez le bien reçu. Mais vous pourriez courir le risque de laisser refroidir le dîner si vous attendiez pour accepter l'invitation. Que le demi-dieu vous conduise, et qu'il descende pour cela de son Olympe d'Aspromonte.

« Et je suis votre bien dévoué,

« P.-M. ESTIENNE,

« Zouave à la 7ᵉ comp., 2ᵉ bataill. »

FIN DES PIÈCES JUSTIFICATIVES

TABLE DES MATIÈRES

CHAPITRE II

L'INVASION DES ÉTATS ROMAINS

CHAPITRE III

LES EXPLOITS DE L'ARMÉE PONTIFICALE

CHAPITRE IV

L'EXPÉDITION FRANÇAISE EN ITALIE

CHAPITRE V

L'ENTRÉE DES ITALIENS SUR LE TERRITOIRE PONTIFICAL

CHAPITRE VI

BATAILLE DE MENTANA

CHAPITRE VII

LA QUESTION ROMAINE EN FRANCE

CHAPITRE VIII

ROME, FLORENCE ET NAPLES

OUVRAGES DE M. FÉLIX RIBEYRE

(HENRI PLON, — EUG. PICK, DE L'ISÈRE, — ED. DENTU, ÉDITEURS)

1° LA PAIX ET L'OPINION, brochure politique (3e édit.), grand in-8°. 1859.

2° L'INVASION AUTRICHIENNE, ou les FRANÇAIS EN ITALIE, pièce en un acte (*en collaboration avec M. Besombes*), représentée en mai 1859.

3° LES GRANDS JOURNAUX DE FRANCE, revue historique et biographique de la Presse parisienne (*en collaboration avec M. Jules Brisson*), un fort vol. grand in-8° 1861-1862.

4° L'EMPEREUR ET L'IMPÉRATRICE EN AUVERGNE, relation richement illustrée du voyage de LL. MM. dans le centre de la France. Un beau vol. grand in-8° avec gravures et six portraits en taille-douce, 1863.

5° HISTOIRE DE LA GUERRE DU MEXIQUE (2e édit.), un vol. grand in-8°. 1864. E. Pick de l'Isère, éditeur, 1868.

6° LE CORPS LÉGISLATIF. — BIOGRAPHIE DES DÉPUTÉS (3e édit.), un vol. grand in-12. 1865.

7° LE COURONNEMENT DE L'ÉDIFICE, brochure politique, in-8°, 1867.

8° RELATION DU VOYAGE EN LORRAINE DE S. M. L'IMPÉRATRICE ET DU PRINCE IMPÉRIAL, volume-album in-folio, illustré. Henri Plon, éditeur. 1867.

9° LE DOCTEUR BLANCHET, esquisse biographique (2e édit.), in-8°. 1867.

10° LE HAVRE A L'EXPOSITION UNIVERSELLE DE 1867 (2e édit.), brochure in-8, 1867.

11° HISTOIRE D'UN POETE NORMAND. — LÉON BUQUET, un vol. grand in-8°. 1868.

12° LA SECONDE EXPÉDITION FRANÇAISE A ROME, étude d'histoire contemporaine un vol. in-8°. E. Pick de l'Isère, éditeur. 1868.

Sous presse :

LES PETITES SŒURS DES PAUVRES — *Histoire de l'Œuvre en France et à l'Étranger*. Un vol. in-18. Victor Palmé, éditeur. 1868.

PARIS. — IMPRIMERIE L. POUPART-DAVYL, RUE DU BAC, 30.

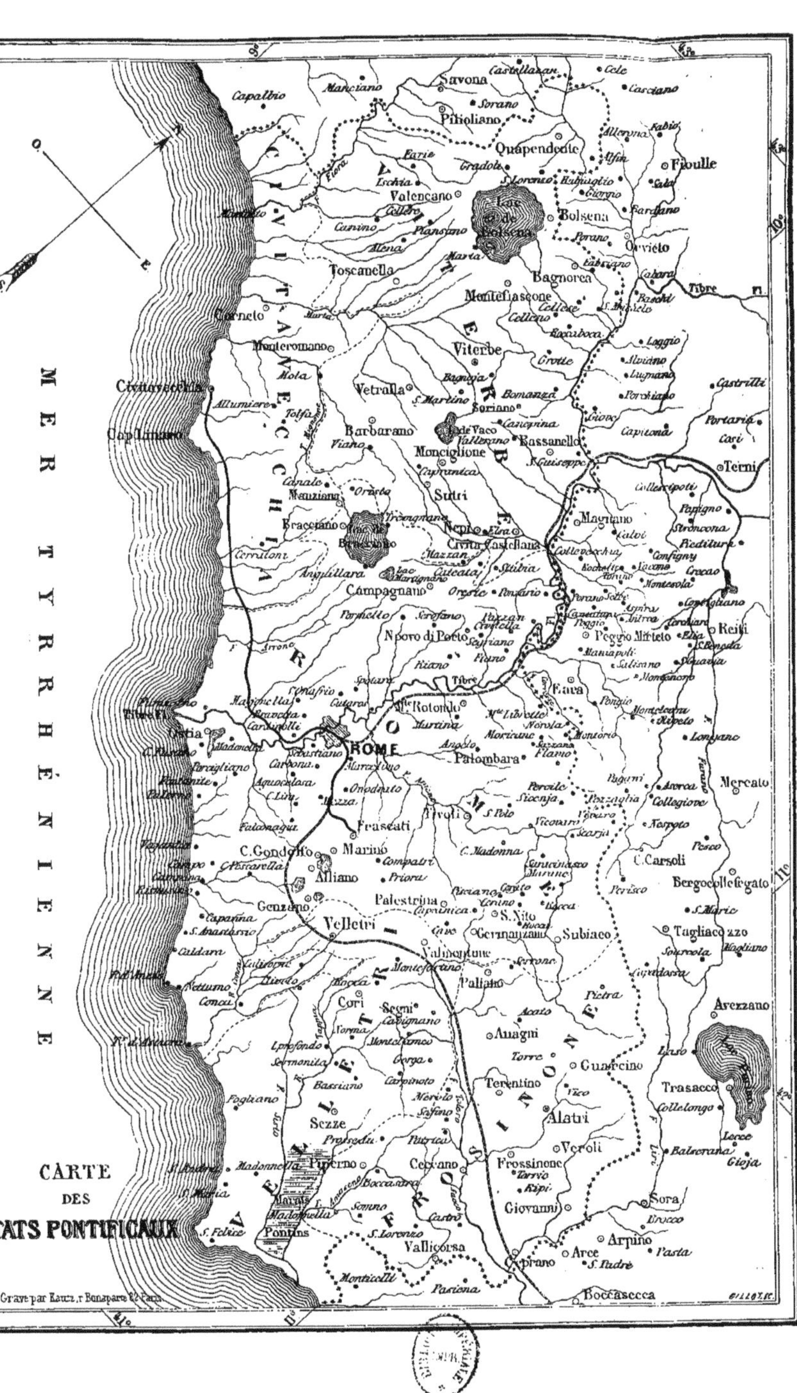

MER TYRRHÉNIENNE
CARTE
DES
ÉTATS PONTIFICAUX
Gravé par Kautz, r. Bonaparte 82 Paris
ROME
Lac de Bolsena
Tibre
Savona
Castellazan
Sorano
Pitioliano
Quapendente
Capalbio
Manciano
Fioulle
Valencano
Bolsena
Orvieto
Toscanella
Bagnorea
Montefiascone
Corneto
Monteromano
Viterbe
Civitavecchia
Vetralla
Barbarano
Monciglione
Bassanello
Sutri
Nepi
Civita Castellana
Bracciano
Anguillara
Campagnano
Magliano
Terni
Poggio Mirteto
Reiti
Ostia
Frascati
Marino
Tivoli
Palombara
Albano
Genzano
Velletri
Palestrina
Subiaco
Valmontone
Paliano
Cori
Segni
Anagni
Guarcino
Terentino
Alatri
Veroli
Sezze
Piperno
Ceccano
Frossinone
Giovanni
Vallicorsa
Ceprano
Arce
Arpino
Sora
Boccasecca
Trasacco
Avezzano
Tagliacozzo
Bergocollefegato
C. Carsoli
Mercato
Nettuno
Marais Pontins

Imprimerie du CORPS LÉGISLATIF

L. Poupart-Davyl, 30, rue du Bac.

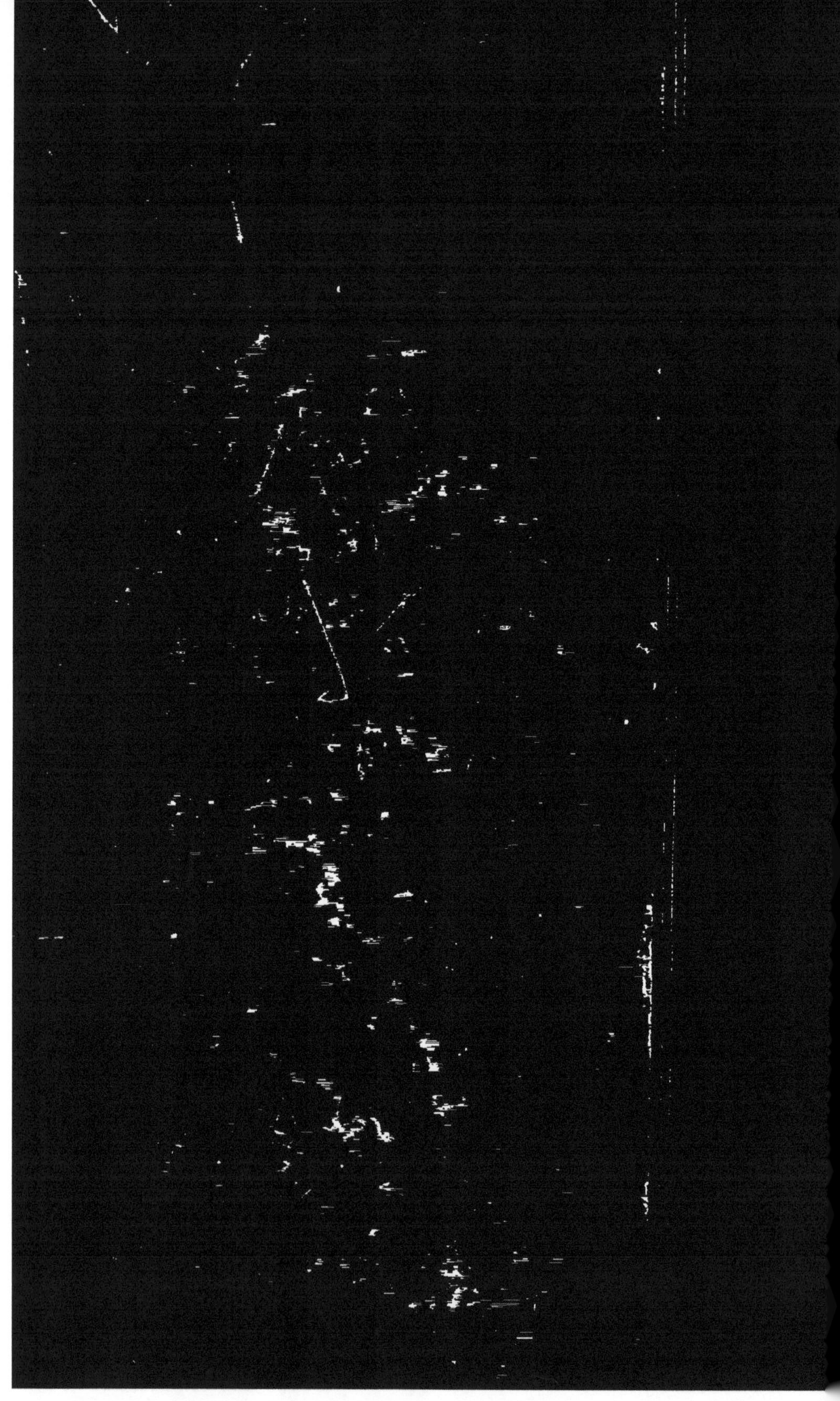

www.ingramcontent.com/pod-product-compliance
Ingram Content Group UK Ltd.
Pitfield, Milton Keynes, MK11 3LW, UK
UKHW020440200726
13857UKWH00002B/513